# 目次 CONTENTS

The publisher's acknowledg
by the museums, Saumur mu
Studiensammlung and US

GW01451423

Photo courtesy：Yoshika
Kari Kuusela, BUNDESARC
Kitamura

Illustration　：Mitsuru Bitoh, Yoshikatsu Tomioka
Design　：Reiko Ichimura
Editor　：Hiroshi Ichimura／ARTBOX
Publisher　：Koji Ogawa／Dai Nippon Kaiga

© 1991 Dai Nippon Kaiga

協力／ソミュール戦車博物館、アバディーン戦車博物館、
コブレンツ軍事技術資料館、ドイツ連邦共和国公文書館、
フランス共和国公文書館、フィンランド公文書館
カリ・クーセラ、エルバート・リン、フィリップ・グリーンウッド
富岡吉勝、北村裕司、石戸　宏
イラストレーション・解説／尾藤　満
1：35図面／富岡吉勝、嘉瀬　翔
戦場写真解説／尾藤　満、北村裕司、カリ・クーセラ

1943年夏、南フランス。泥よけの文字（FとD）などから第179予備戦車師団のものと思われる。D¹型はD型をベースにわずか30両が生産されたが、リーフスプリングを主体とした走行装置の具合が悪く、1941年には部隊配備から外されている。
Command tank model D¹ of 179th reserve Panzer division in France summer 1943.

普段は見られないＡ型の機関室上面の一部がわかる貴重な写真。
Ａ型は1936年末、第１戦車師団に３両配備された以外は不明だが、車体前部にノテックライト（基部）が増設されている点から撮影は1940年以降と思われ、バルカンクロイツや砲塔側面のナンバーの大きさなどから判断して前線部隊から引き抜かれ、訓練または予備部隊に回された車体の可能性がある。
Pzkfpw III ausf A

本邦初公開の写真。足まわりからＣ型と分かる。Ｃ型の写真はほとんど発表されていないが、車体後部をクリアーに写した写真は初めてであろう。よく見るとＢ型の後部とは異なることが分かる。また、砲塔（キューポラ）がＤ型以降のもので、車間標示燈及び切り欠きのある泥よけ、先のＡ型とよく似た書体・大きさのターレット・ナンバーなどから、同時期に同じ部隊で撮影されたものと思われる。左手の312号車はⅣ号Ａ型。
Pzkfpw III ausf C, Note the tail plate and the peculiar exhaust.

1941～42年冬季、フィンランドのラップランド地方で撮影された第40特別編成戦車大隊所属のD型。この部隊は1940年4月のデンマーク、ノルウェー戦に備えて編成されたもので、当初はⅠ、Ⅱ号戦車のみでNbFzが配備されたのは有名であるが、このD型のように第1線を退いた車両も加えられた。なお、この車両の砲塔は先のC型の写真とは逆にB／C型用キューポラの付いたものになっている。砲塔番号は黄色で描かれているようだ。
An ausf D of Pz.Apt.zbv 40 in Northern Finland 1941/42 winter. The number 342 on the turret seems to be yellow.

上のD型を別角度から撮影したもの。車体はダーク・グレイ1色のままで、コート姿の車長共々、冬季装備が不十分であることは一目瞭然、と言うのも水溶性の白色塗料が制定されたのが1941年11月であり、その塗料が前線に出回り始めたのは1942年春になってからである。この頃、ドイツ軍は東部戦線でも同じような状態であり、この目立つ塗料によって撃破された車両も多かったと予想される。
An ausf D of the same unit in Finland.

# III号戦車 A～D型

**Panzer Kampfwagen III ausf A～D**

## A～D型について

III号戦車の中で増加試作シリーズとも言うべきもので、懸架装置及び冷却機構を中心に改修されており、さまざまな試行錯誤の跡が外観からも分かります。このシリーズは生産台数が少なく、各型の資料があまり残っていないため、細部については不明な点が多いのですが、点在している資料をもとにまとめてみました。なお、各型の生産台数はA型10両、B型15両、C型15両、D型30両で、1937年より順次、戦車部隊（第1戦車師団中心）に実験的に配備されましたが、A～C型はポーランド戦で実戦経験した他は一部がフィンランド北部に送られ、ムルマンスク鉄道攻撃に使用されたのにとどまり基本的には1940年2月に部隊装備から外され、訓練用車両などに利用されました。ただ、D型については、戦車不足を補うため、一部の車両はそのまま部隊に残されたようです。

### 足まわり（図1～4）

前述したようにA～D型は理想的な懸架装置を採用すべく、試行錯誤を繰り返していたので、各型とも図のように異なります。しかし、このような複雑な足まわりは実戦向け・量産向けには程遠いものでした。

●A型（図1）

大型転輪5個と上部転輪2個から構成され、懸架装置はコイルスプリングによる独立懸架ですが、サスペンションストロークが短いため、乗り心地や不整地における機動力に問題がありました。

●B型（図2）

小型転輪8個と上部転輪3個となり懸架装置は転輪2個1組をリーフスプリング（板バネ）で支えるもので、A型よりは多少乗り心地は改善されたようです。

●C型（図3）

転輪で最も負担の懸かる最前部と最後部の懸架装置を改良したものです。また、起動輪、誘導輪も新型に変更されています。

●D型（図4）

C型の足まわりをさらに改良したもので、それにより上部転輪の位置も変更されました。

図-1 足回り Lower hull

A型（5個の大型転輪、垂直式コイルスプリングによる独立懸架）
Ausf A (The suspension consisted of five large road wheels dampened by coil springs, and two return rollers)

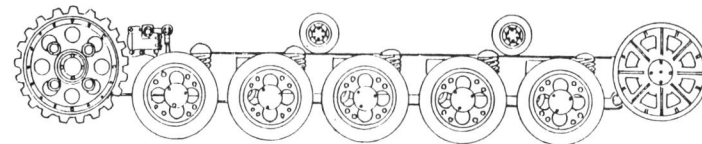

図-2

B型（8個の小型転輪、リーフスプリングによる懸架装置に変更）
Ausf B (The suspension consisted of eight small road wheels, divided into pairs, with the long leaf springs supporting)

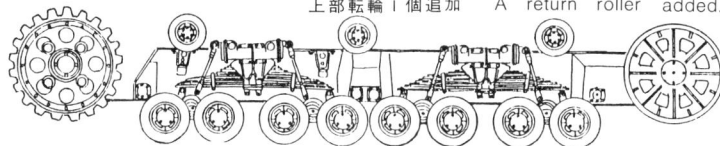

上部転輪1個追加　A return roller added.

図-3

C型（懸架装置の位置変更）
Ausf C (The arrangement of suspension was changed)

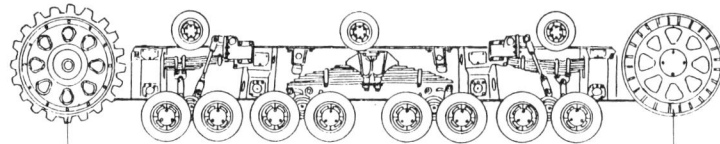

起動輪変更　The drive sprocket was changed.　誘導輪　The idler wheel was changed.

図-4

D型（前後の懸架装置変更）
Ausf D (The first and last pairs were changed)

Bild 4

▲C/D型（約1:35）Ausf C/D
▼C/D型（約1:35）Ausf C

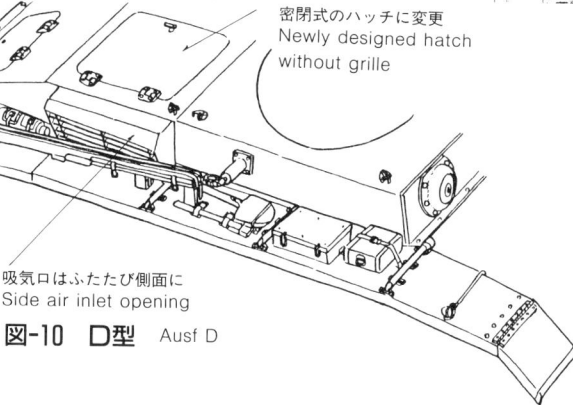

吸気用グリルのついたハッチ　Grilled engine hatch

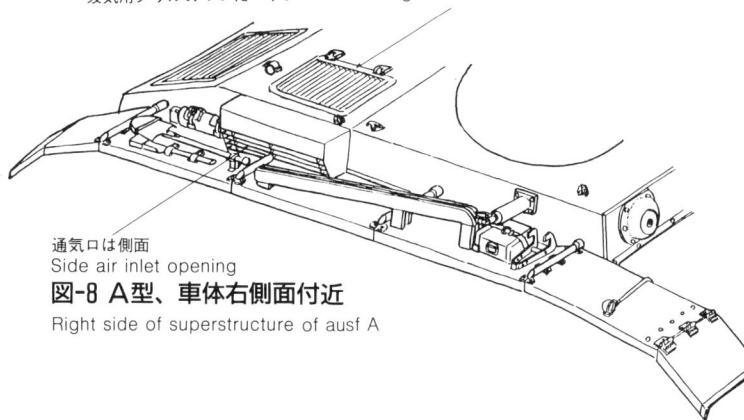

通気口は側面
Side air inlet opening

**図-8 A型、車体右側面付近**
Right side of superstructure of ausf A

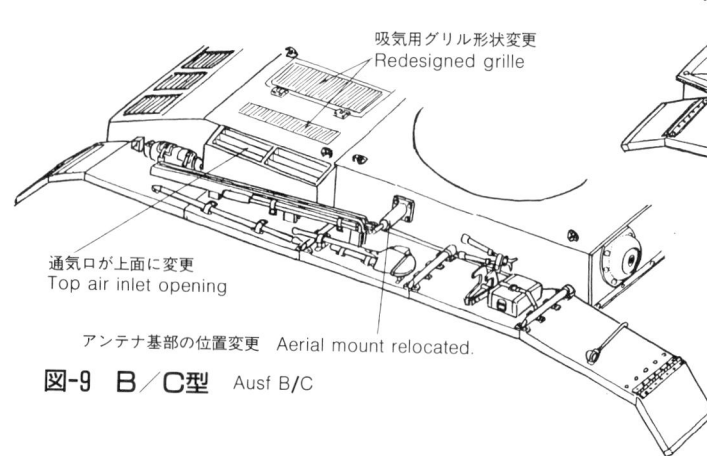

Bild 6u 7

吸気用グリル形状変更
Redesigned grille

密閉式のハッチに変更
Newly designed hatch without grille

通気口が上面に変更
Top air inlet opening

アンテナ基部の位置変更　Aerial mount relocated.

**図-9　B／C型**　Ausf B/C

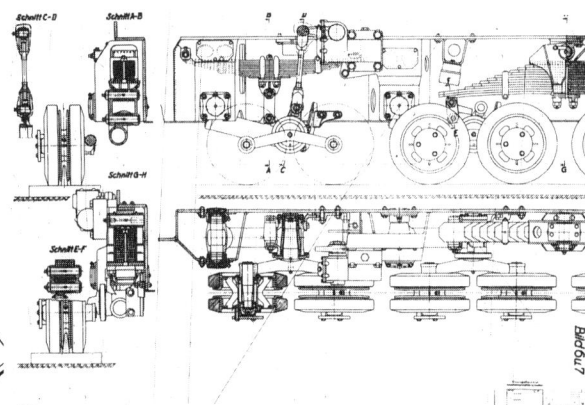

吸気口はふたたび側面に
Side air inlet opening

**図-10　D型**　Ausf D

図-5 車体前部 Hull front
A型 Ausf A

ホーンの位置は中央
Horn located the middle.

大型の操縦手用クラッペ Larger driver's klappe (Visor)

図-6 B／C型　Ausf B/C

クラッペの形状変更
Newly designed up-armoured klappe

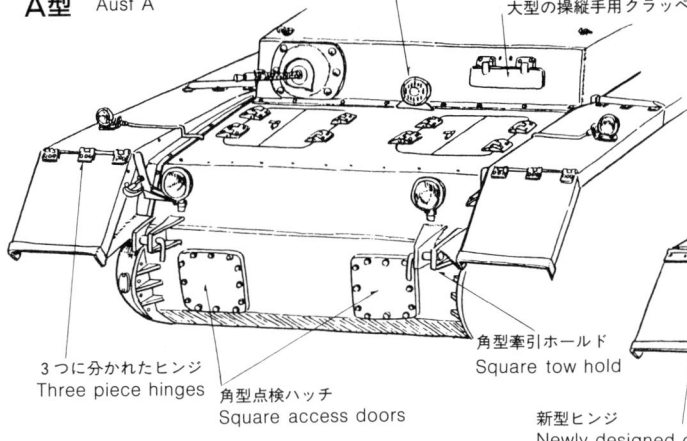

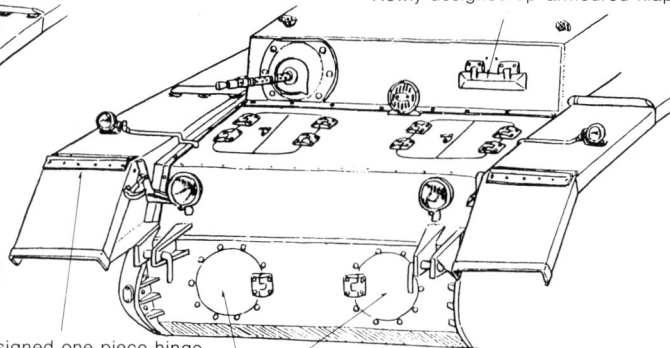

3つに分かれたヒンジ
Three piece hinges

角型点検ハッチ
Square access doors

角型牽引ホールド
Square tow hold

新型ヒンジ
Newly designed one piece hinge

丸い点検ハッチに変更
Round access doors

図-7 D型　Ausf D

四角い点検ハッチにもどる
Squared access doors

丸みを帯びた牽引ホールドに変更（ライトと一体化）
Newly designed tow hold (headlight bracket incorporated)

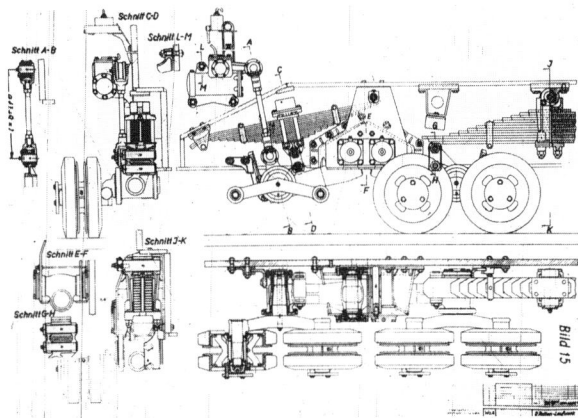

Schnitt C-D
Schnitt L-M
Schnitt A-B
Schnitt E-F
Schnitt G-H
Schnitt J-K
Bild 15

▲D型（約１：35）Ausf,D suspension (1:35scale)

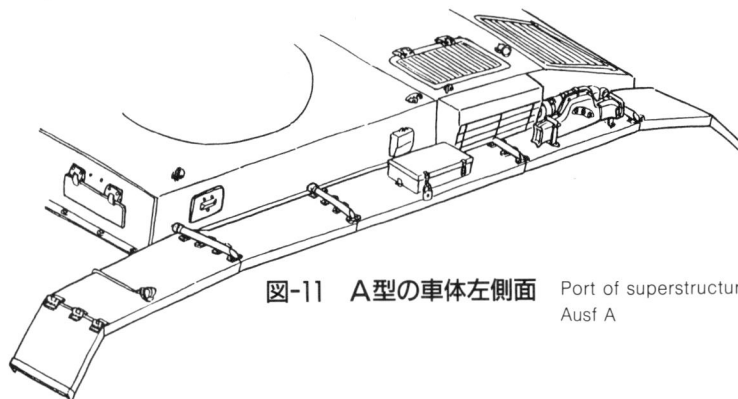

図-11　A型の車体左側面　Port of superstructure Ausf A

図-13　D型　Ausf D

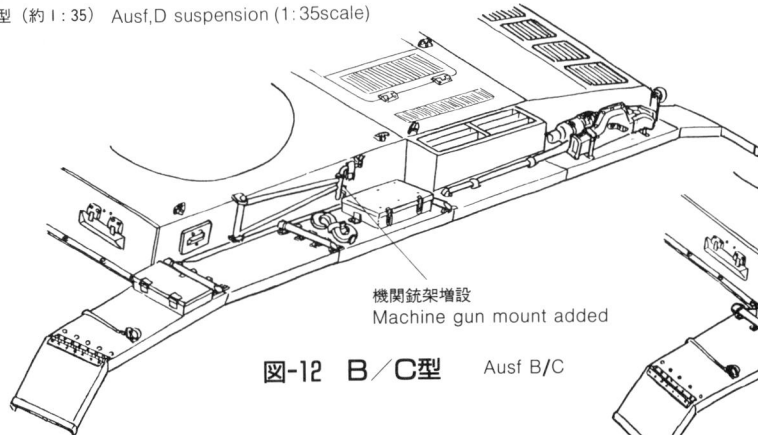

機関銃架増設
Machine gun mount added

図-12　B／C型　Ausf B/C

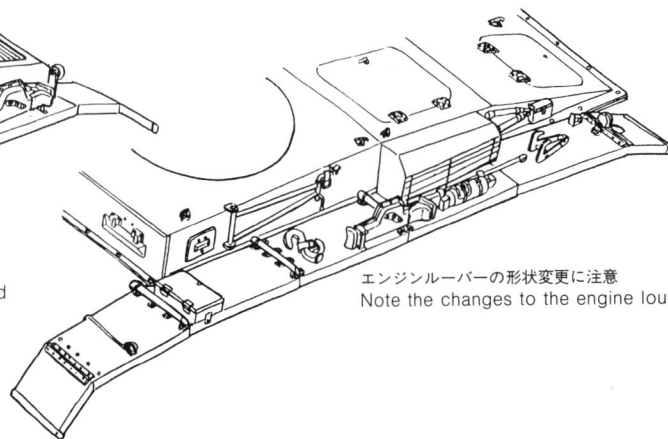

エンジンルーバーの形状変更に注意
Note the changes to the engine louvers

基本的に各型とも大きな変化は無いようですが、次のように異なります。
●A型（図5）
　操縦手用前面クラッペ（覗視孔蓋）はⅣ号のプロトタイプやⅡ号a，b型と同じ部品で大変薄いものです。また、A〜D型を通してホーン（警笛）が車体中央に装着されています。
●B／C型（図6）
　操縦手用前面クラッペがB型より装甲厚のある小型のもの（Ⅳ号A型やⅡ号c，A〜C型と同じ）に変更され、変速機点検ハッチの形状がA型の四角いものから丸いものになっています。また、マッドフラップのヒンジがA型では3つに分かれていましたが、１つにまとめられています。
●D型（図7）
　牽引用ホールドがC型までⅣ号A型のような角張ったものでしたが、D型より丸味を帯びたものに変更されています。（ただし、E型以降のものとは細部が異なる）また、変速機点検用ハッチもD型ではなぜかA型同様に四角いものに戻っています。

## 車体右側面（図8〜10）

A〜D型の車体自体がそれぞれ異なり、同じ車体ではありません。ただ、B型とC型については足まわり以外は同じという説が現在有力であり、その違いが不明なため、ここでも一応同じ車体として考察しています。またOVM（車外搭載物）類はそれぞれの型で装備位置が異なり、図のとおりに変化しています。ただし、装備品の位置が不明なものについては省略させていただきました。
●A型（図8）
　冷却気の吸気孔の向きがⅣ号のように側面に向いています。
●B／C型（図9）
　冷却気の吸気孔の向きがE型以降のように上向きに変更されています。また、B型よりアンテナ基部の位置がやや後方に変更され、ケースも移動しています。（ケースにはクリーニングロッドが付く。A型は不明）
●D型（図10）
　冷却気の吸気孔の向きがまたA型同様、側面向きになっています。また、D型まではまだ右側面にクラッペは無く、E型より取り付けられています。

## 車体左側面（図11〜13）

●機銃架（図12、13）
　従来の説ではD型より機銃架が装備となっていましたが、筆者の手持ちの資料ではB型やC型にも機銃架が取り付けられていますので、図ではそのように描いています。もちろん、その資料の機銃架も後から取り付けられた可能性

はありますが…。

## 車体上面（図8～13）

一番資料の無い所ですが、C型までは機関室上面は通気用のグリルがありましたが、防御上の理由からD型より密閉式のハッチに変更されています。なお、図ではタグロープおよびその固定金具については省略していますのでご了承ください。

## 車体後部（図14～17）

### ●A型（図14）

エンジン冷却気の排気孔が大きく2つに分かれ、上向きにレイアウトされています。また、マフラーも円筒形のもののようです。

### ●B型（図15）

冷却気の排気孔は小さく6つに分かれ、マフラーも変更されています。

### ●C型（図16）

エクゾーストパイプ導入口基部の位置やマフラーも変更され、排気管が2つ増えています。

### ●D型（図17）

後部はオーバーハング形状となり、冷却気の排気孔はその下面に、マフラーもその下方にレイアウトされ、Ⅲ号の基本形となりました。

## 砲塔（図18～24）

基本的に砲塔は同じもので細部が少し異なります。

### ●A型（図18、19、22）

A型初期の砲塔は外観に多くのリベットが確認できます。A型の特徴としては棒状のアンテナよけが取り付けられいる点とⅣ号のプロタイプと同じキューポラ（ハッチは上部をスッポリ覆う形状のものになっており、キューポラ上部両側にハッチストッパーが取り付けられている）があげられます。なお、A～D型共通して言えることですが、主砲の横の2丁の同軸機銃にはE型以降のような装甲スリーブは付いていません。

### ●B／C型（図20、23）

キューポラがⅣ号A型と同じものに変更されています。

### ●D型（図21、24）

B／C型との違いは上面のボルトが埋込式のものに変更された点、側面ハッチのスリット部分が装甲の厚いものに改修された点、砲塔左側面視察用クラッペのスリットが防御上の理由から廃止された点、キューポラがⅣ号B～D型と同じものに変更された点などです。

図-14　A型の車体後部　Tail of Ausf A

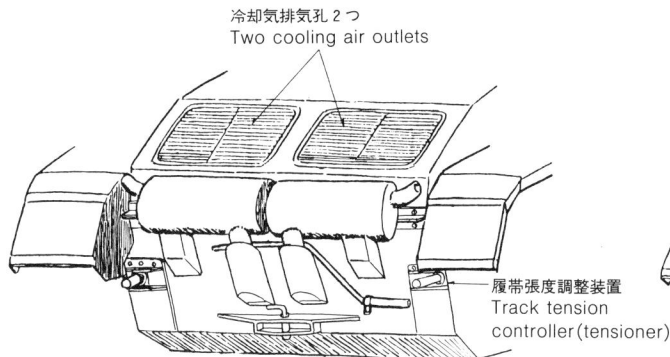

冷却気排気孔2つ
Two cooling air outlets

履帯張度調整装置
Track tension controller(tensioner)

図-15　B型　Ausf B

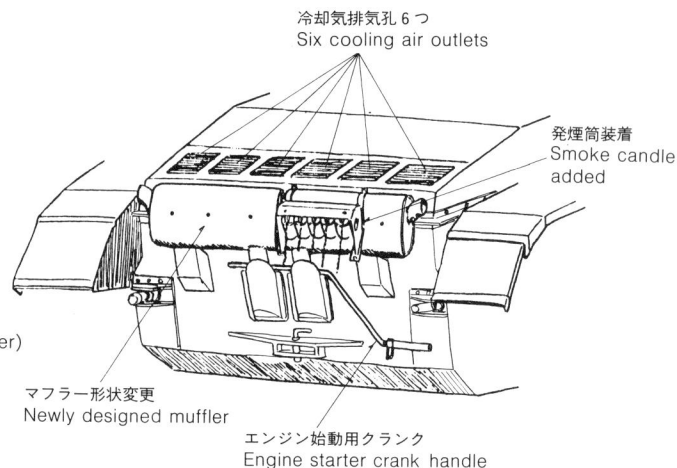

冷却気排気孔6つ
Six cooling air outlets

発煙筒装着
Smoke candle added

マフラー形状変更
Newly designed muffler

エンジン始動用クランク
Engine starter crank handle

図-16　C型　Ausf C

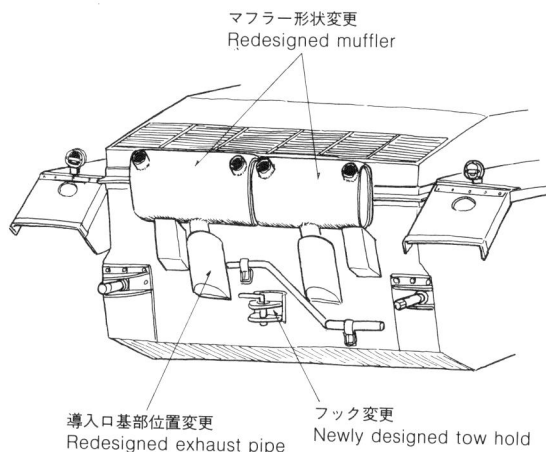

マフラー形状変更
Redesigned muffler

導入口基部位置変更
Redesigned exhaust pipe

フック変更
Newly designed tow hold

図-17　D型　Ausf D

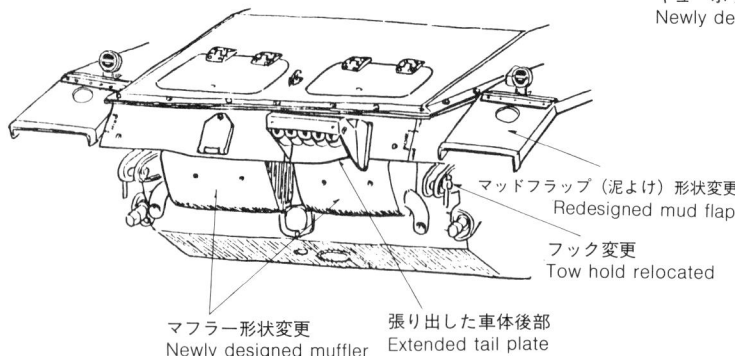

マッドフラップ（泥よけ）形状変更
Redesigned mud flap

フック変更
Tow hold relocated

マフラー形状変更
Newly designed muffler

張り出した車体後部
Extended tail plate

図-20　B／C型
Turret of Ausf B/C

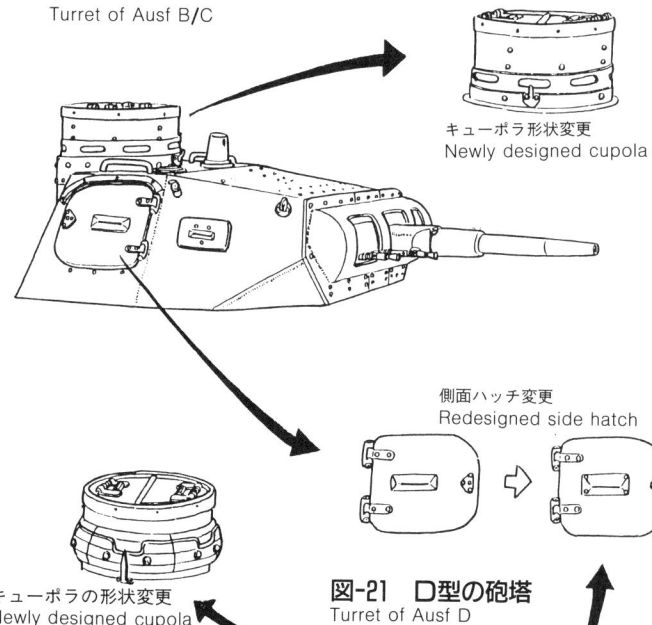

キューポラ形状変更
Newly designed cupola

側面ハッチ変更
Redesigned side hatch

キューポラの形状変更
Newly designed cupola

図-21　D型の砲塔
Turret of Ausf D

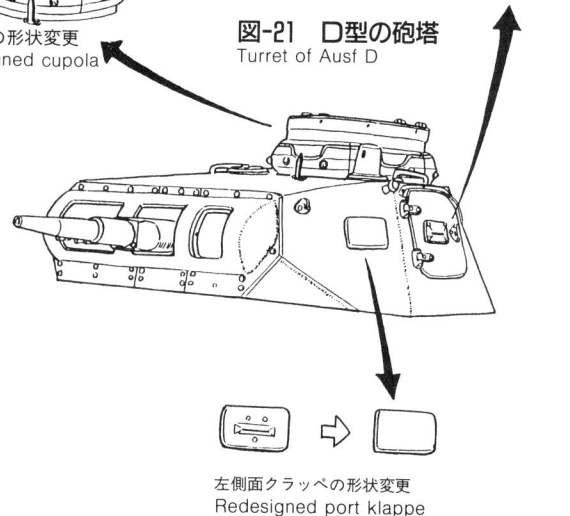

左側面クラッペの形状変更
Redesigned port klappe

図-18　砲塔左側面（A型）
Port of turret (Ausf A)

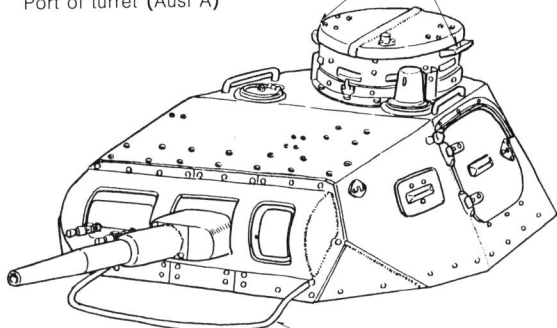

両側にハッチストッパー
Hatch stopper (both sides)

キューポラ全面を覆うハッチ
The hatches cover top of a cupola

図-19　砲塔右側面（A型）
Starboard of turret (Ausf A)

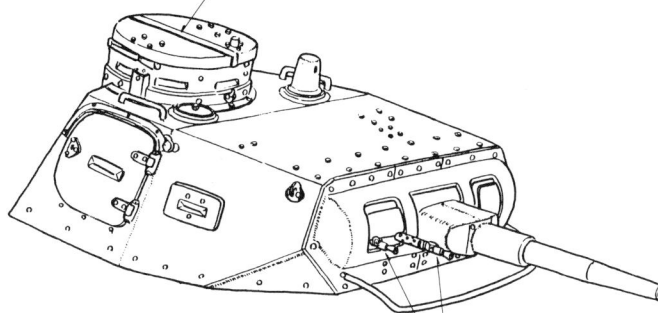

Pz. Kpfw. III (Sd.Kfz.141) (Ausführung E bis K)
und
Pz. Kpfw. IV (Sd.Kfz.161) (Ausführung A bis F)
3,7 cm Kw. K.
Geschütz – Rohr im Schnitt

UT 615/17

アンテナよけ　Aerial guard

同軸機銃（装甲スリーブなし）
Coaxial machine gun (without armour protector)

図-22　A型の砲塔後部
Rear side of turret (Ausf A)

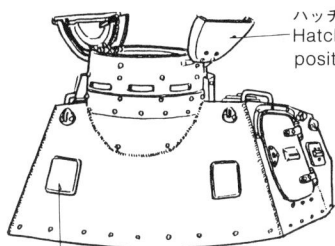

Ⅲ号戦車D型1：35側面図　作図／富岡吉勝・嘉瀬翔
Pzkfpw Ⅲ ausf D 1:35 scale Drawn by Yoshikatsu Tomioka & Show Kase

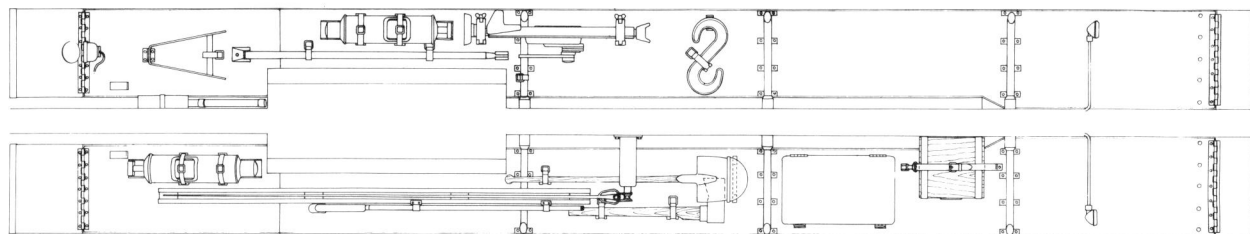

ハッチはこの位置で固定
Hatches stop at this position

四角いピストルポートカバー
Squared pistol port

図-23　B／C型　Ausf B/C

キューポラの形状変更
Redesigned cupola

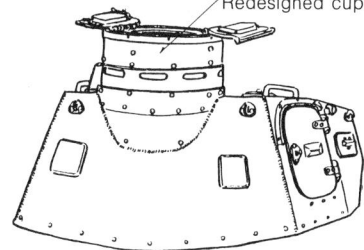

上部転輪 Upper return rollar　約 1：17.5scale

図-24　D型　Ausf D

キューポラの形状変更
Newly designed cupola

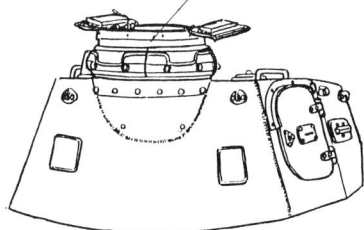

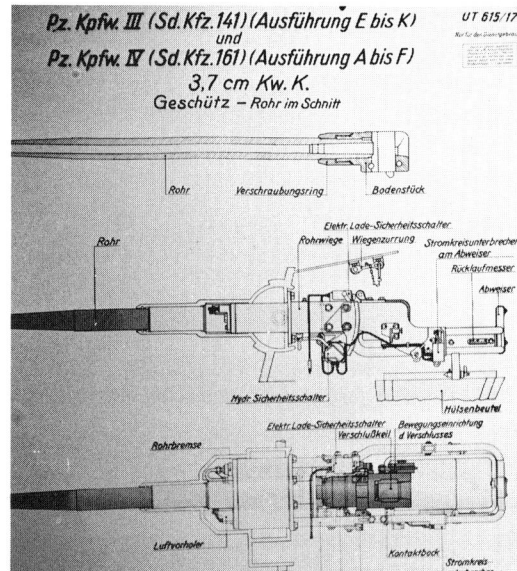

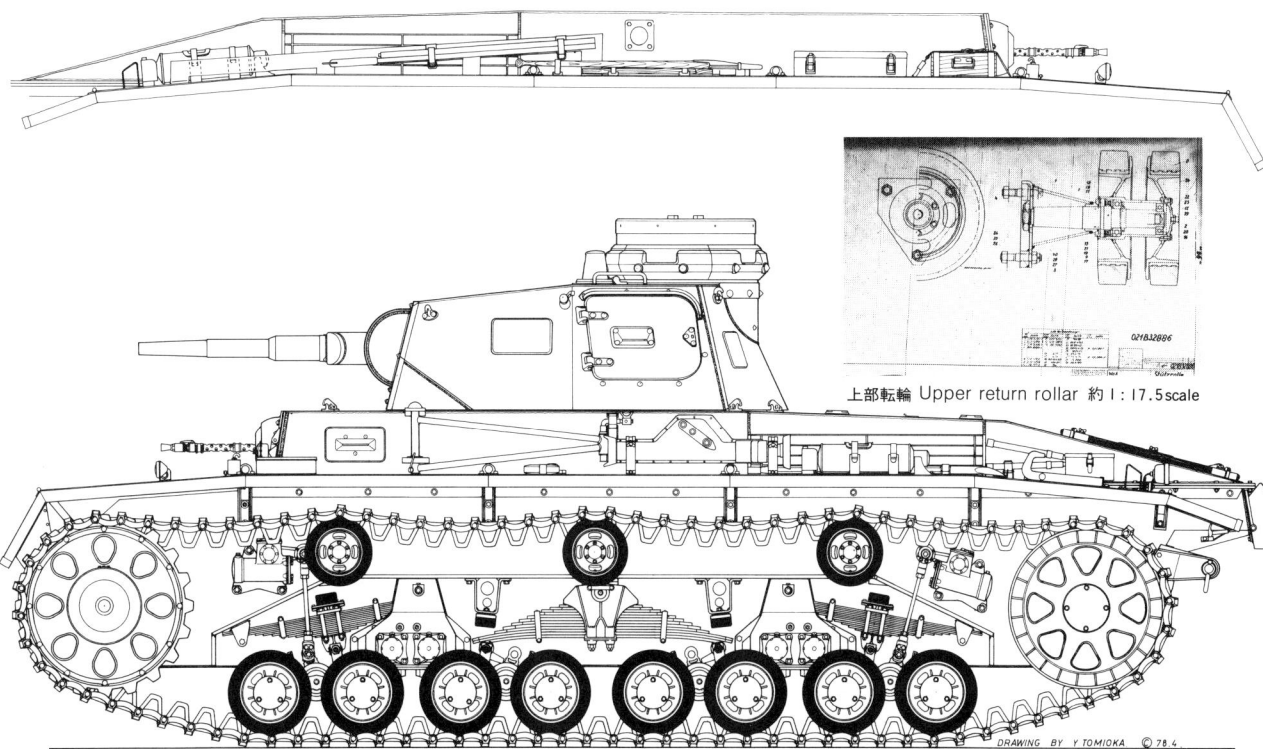

DRAWING BY Y TOMIOKA ©78.4

7

# Ⅲ号戦車 E型

**Panzer Kampfwagen Ⅲ ausf E**

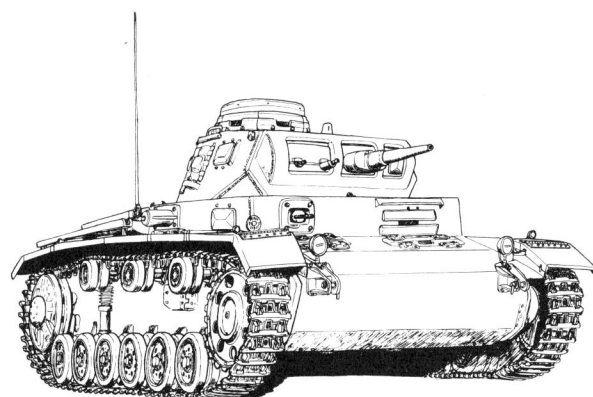

## E型について

　Ⅲ号戦車最初の量産シリーズで、これまで問題となっていた懸架装置をトーション・バー方式（ねじり棒式）に改めています。この懸架装置は1938年の5月から生産されていたⅡ号D型がドイツ戦車で初めて採用したもので、棒のねじれとその復元力を利用しており、ストローク幅が大きく不整地における機動性に優れています。また、懸架装置が車内にあり、露出していないため、防御上においても有利なものとなっており、その後の多くの車両がこれを採用しています。また、防御力においても戦訓により、これまでの15mmから30mm厚の装甲板に増加していますが、エンジンもこれまでのマイバッハHL108TR（排気量10,838cc最高出力250馬力）からマイバッハHL120TR（排気量11,867cc、最高出力　300馬力）に換装し、重量増加にもかかわらず機動力を高めています。E型の生産にはダイムラー・ベンツ社の他にヘンシェル社、MAN社が加わり、1938年12月から1939年10月までに96両が製造されました。

### 足まわりと車体下部側面

　前述のとおり、E型から足まわりが一新し、その基本形状はN型まで続いています。
●起動輪（図25）
　一見、C／D型によく似ていますが全くの別物です。E型からG型まで採用され、36cmの履帯用のものです。なお、スペーサーを入れることにより40cmの履帯も使用可能であり、改修型にその例が多く見られます。
●誘導輪（図26）
　起動輪と同じく新しく採用され、G型まで使用されています。
●転輪（図27）
　E型より小径転輪8個から中径転輪6個に変更され、最終のN型まで採用されています。この転輪は2種類あり、これはその初期タイプです。2種類の転輪を比較する手頃な資料としては「ピクトリアル　ドイツ戦車（サンデーアート）」のP.17の写真がよいでしょう。F改修型の側面写真で、その2種類の転輪を履いている為、その違いがよく分かります。
●上部転輪（図28）
　これもN型まで使用されたものです。

## 図-25　起動輪（E～G型）
Drive sprocket Ausf E～G

## 図-26　誘導輪（E～G型）
Idler wheel Ausf E～G

## 図-27　転輪（おもにE～G型初期）
Road wheel Ausf E～G early
52mm

## 図-28　上部転輪（E～N型）
31cm　Return roller Ausf E～N

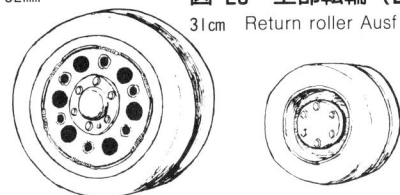

## 図-29　36cm、履帯（36cm）
36mm width track link

## 図-30　脱出用ハッチ（E～L型）
表　Hull escape hatch Ausf E～L
裏　ロックレバー
Locking handle

## 図-31　ショックアブソーバー（緩衝器）E～G型
Shock absorber Ausf E～G

## 図-32　サスペンション
Suspension

第1、6転輪用
Buffers 1st and 6th

第2～5転輪用
Buffers 2nd～5th

## 図-33　ダンパー（E～N型）

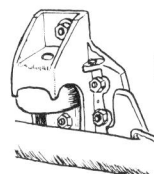

## 図-34　車体下部前面
Lower hull front

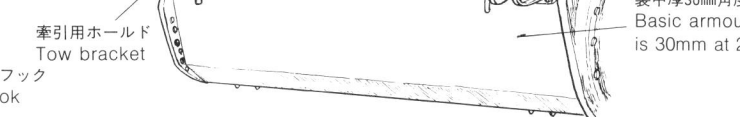

装甲厚30mm角度20
Basic armour
is 30mm at 20°

車体機銃架
30mm
Kugel blend 30

吊り上げ用フック
Lifting hook

操縦手用前方視察クラッペ
Driver's vision block

装甲厚30mm角度9
30mm armour
at 9°

牽引用ホールド
Tow bracket

点検ハッチ
Inspection hatches

## 図-36　車体上部前面
Upper hull front

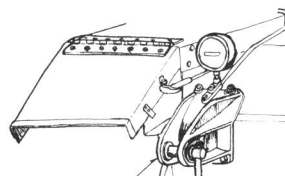

ヒンジ
Hinge detail

## 図-35　前部フェンダー内側
Mud flap

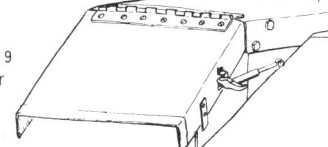

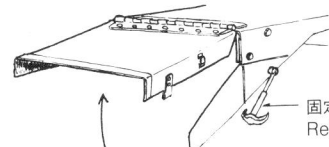

固定具
Retainer

## 図-37　操縦手用前方視察クラッペ
Driver's klappe

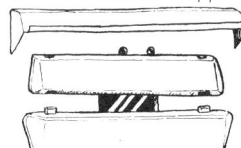
開　Open

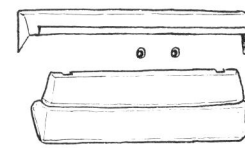
閉　Close

## 図-38　右フェンダー付近
Starboard fender

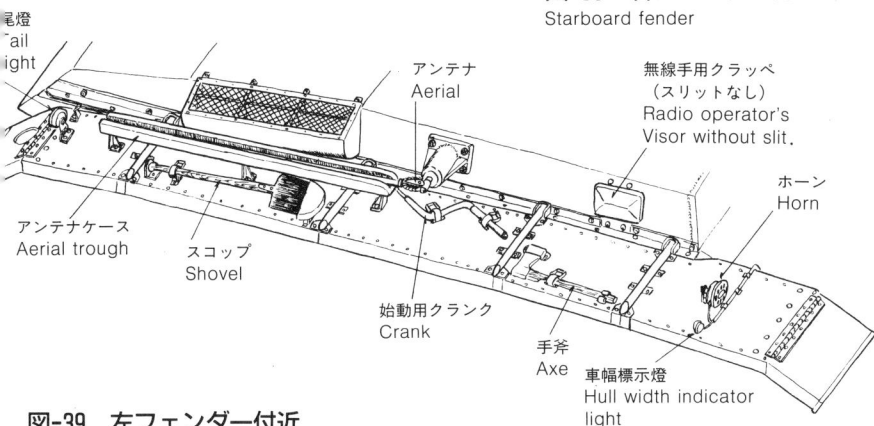

アンテナ
Aerial

無線手用クラッペ
（スリットなし）
Radio operator's
Visor without slit.

尾燈
Tail light

ホーン
Horn

アンテナケース
Aerial trough

スコップ
Shovel

始動用クランク
Crank

手斧
Axe

車幅標示燈
Hull width indicator
light

## 図-39　左フェンダー付近
Port fender

操縦手用クラッペ
Driver's visor with slit

S型シャックル
S shaped shackle

履帯用工具箱
Track Tool box

尾燈
Tail light

ジャッキ台
Jack rest block

ジャッキ
Jack

消火器
Fire extinguisher

バール
Crowbar

ワイヤーカッター
Wire cutter

車幅標示燈
Hull width indicator light

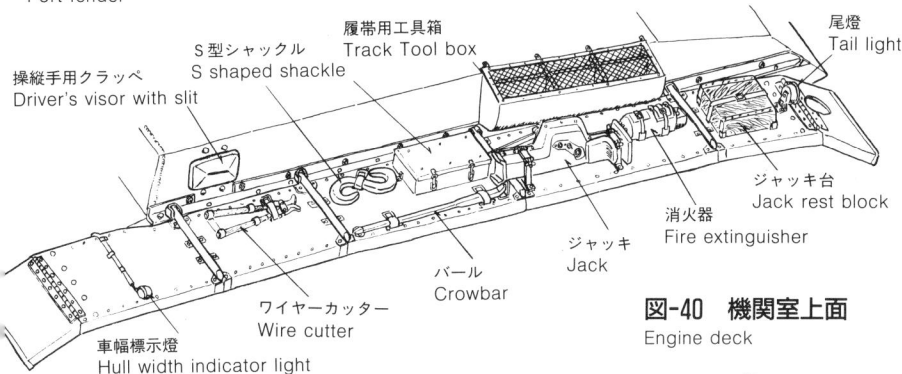

## 図-40　機関室上面
Engine deck

フック
Hook

エンジン点検ハッチ
Engine access hatches

フック
Hook

吸気グリル
Air inlet grill

冷却機点検ハッチ
Radiator access hatch

鍵穴
Key hole open

鍵穴の蓋
Closed

フタストッパー
Stopper

吸気グリル
Air inlet grill

タグロープ固定具A
Cable bracket A

タグロープ固定具C
Cable bracket C

吊り上げフック
Lifting hook

冷却機点検ハッチ
Radiator access hatch

タグロープ固定具B
Cable clamps B

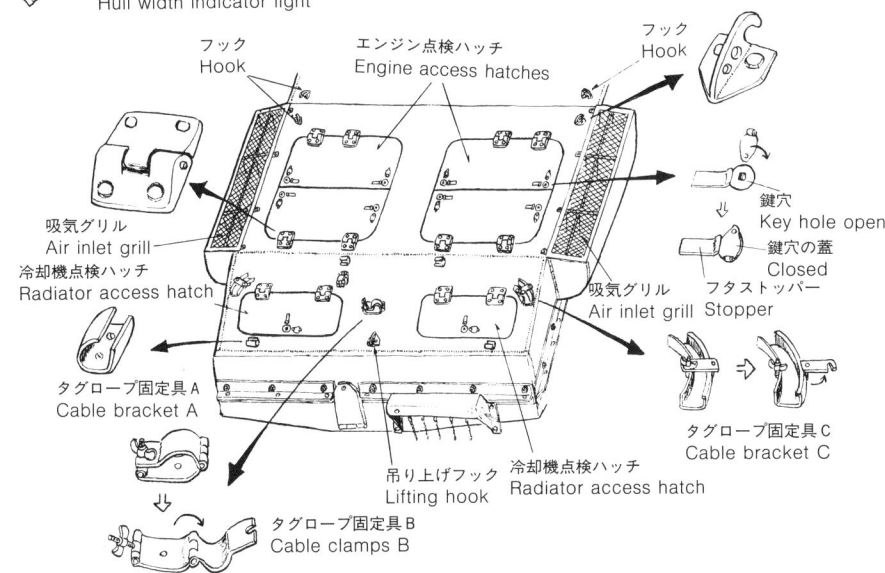

## 図-41　タグロープ装着状態
（図中のA～Cは固定具の種類を表す）
Cable and brackets

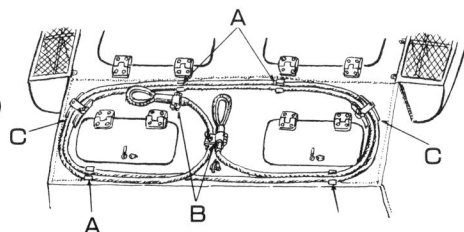

A
C
C
A
B
A

●履帯（図29）

　巾36cmのものでG型まで使用されました。Ⅳ号ではE型まで使用されたものと同じものです。

●脱出ハッチ（図30）

　第1と第2上部転輪のあいだにE型から新設されています。

●ショックアブソーバー（図31、32）

　第1、第6転輪にショック・アブソーバーが付き、G型までこのゴムのカバー付きのものが装備されています。

●ダンパー（図33）

　第1、第6転輪用と第2～5転輪用の2種類がありますが、N型まで同じもののようです。

### 車体下部前面（図34）

●前部牽引用ホールド

　E型からH型まで取り付けられているもので複雑な形状をしています。

●前部フェンダー内側（図35）

　Ⅳ号ではマッド・フラップを固定する場合、スプリングを使用していましたが、Ⅲ号では図のような固定具を使用しています。この固定具はティーガーⅠの前部フェンダー内側にも取り付けられています。

### 車体上部前面（図36）

●点検ハッチ

　前後に開く両開き式に変更され、H型まで採用されています。

●車体機銃架

　Ⅳ号D、E型と同じ30mm厚の装甲板用のKugelblende30がE型からH型まで取り付けられています。

●操縦手用前方視察クラッペ（図37）

　これもⅣ号D型やⅡ号F型などと同じ装甲の厚いものに変更しています。

### 車体右側面（図38）

●無線手用クラッペ

　E型から装甲の厚いものに変更されていますが、この時から無線手用のものはスリットは無いようです。

●アンテナ基部

　基部はリーフスプリングとなっています。

●OVM類

　正規と思われる配置は図のとおり。

### 車体左側面（図39）

●操縦手用クラッペ

　無線手用のものに比べ、前に位置しており、これにはスリットが付きます

### 機関室上面（図40）

　E～H型はJ型以降のものと機関室後部上面の形状が異なります。

●吊上用フック（図36，40）

　戦闘室上面3ヶ所及び機関室上面3ヶ所に取り付けられています。これはⅡ号戦車のフックと同じものです。

●機関室点検ハッチ

　D型の1枚から2枚に変わっています。ただし、この型にはまだベンチレーターカバーがなく、大きい方のハッチは両開きのものになっています。また、実車では冷却効率を高めるため、半開きで固定することができます。なお、ヒンジは車体前部上面の点検ハッチのヒンジとは多少異なります。

●吸気用グリル

　B／C型と同じ上向きのものに変更され、金網とその枠が付けられています。

●タグロープ取付金具

　この取付金具の配置はG型初期あたりまでのもので、タグロープ1本用のものです。装着状態については図41を参考にしてください。

### 車体D型と比べ後部（図42，43）

　D型と比べ後部のオーバーハング形状が変更されています。

●クランク差込口カバー

　冬期などエンジンが掛かりにくい場合に始動用クランク軸を差し込んで始動させるもので、差込口カバーのヒンジの位置がE、F型では下に付いています。

●発煙筒ラック

　5本一組の発煙筒が装備されている車両がありますが、E型ではまだ装甲カバーは付いていません。この発煙筒は以前の型にも遡って取り付けられています。

●マフラー

　D型とは多少形状の異なるものに変更されています。

●半球状のカバー

　2つのマフラーの間にある半球状のカバーの形状がE、F型（初期）の場合、四角ではなく六角形となっています。また、その下には2つの円形ハッチが付いています。

●後部牽引用フック、誘導輪基部

　このフックも前部のものと同様に複雑な形状をしている上に誘導輪基部と一体になっています。

●後部フェンダー（図44）

　丸い穴が開いており、跳ね上げても尾燈が見えるようになっています。また、フェンダーの内側にはストッパーが付き、跳ね上げたマッド・フラップを固定するようになっています。なお左フェンダーには車間標示燈はまだ取り付けられていませんが、改修型では取り付けられています。細かい所では前部フェンダー内側と同様にフラップの固定具が付いています。

## 砲塔前面（図45）

### ●主砲防盾
初期のドイツ戦車が採用していた内装式のものでD型以前のものと多少形状が異なります。なお、後にE型も外装式に改修されています。

### ●主　砲
相変わらず、3.7cm砲を装備していましたが、軽戦車程度しか撃破できないため、後に5cm砲に換装されています。なお、Ⅲ号の砲塔はⅣ号と異なり手動によって旋回します。

### ●砲手用前面クラッペ
これまでの薄いものから装甲の厚いものに変更されています。

### ●同軸機銃
同軸機銃（MG34）2挺の下側には半分のスリーブが付くようになりました。なお、内側の機銃が外側より前にずらして装着されていますが、これはA～D型と同じです。

## 砲塔側面（図46，47）

### ●側面視察クラッペ
Ⅳ号と同じ装甲厚のものに変更されています。

### ●吊上用フック
取付位置はⅣ号と同じ位置ですが、やや小型のものになっています。

### ●側面ハッチ
これもⅣ号と同じ観音開きのものに変更されていますが、砲塔がⅣ号戦車と比較して一回り小型であるため、砲塔の割りに大きく見えます。ハッチの上に付く雨トイはⅣ号戦車のものとは異なります。

### ●ハッチ・ストッパー
ハッチストッパーもⅣ号E型に付くものと同じものに変更されました。（N型まで同じ）

## 砲塔後部（図48）

この部分もA型からG型初期までⅣ号A～D型のようにキューポラ部分が後ろに突き出た形状になっています。

### ●ピストルポートカバー
E型より採用されたもので、Ⅳ号F型以降のものと同じ円錐状のものです。

## 砲塔上面（図45）

### ●シグナルポート
砲塔左側に付き、Ⅳ号と同じものです。ただ、Ⅲ号は砲塔が小さいので、シグナルポートの先端部分がⅢ号では欠けています。

### ●信号塔
Ⅳ号A～D型まで装備されたものと同じ信号塔ですが、これをペリスコープに似せたダミーという説もあります。

図-42　車体下部側面
Rear of hull

オーバーハングしている
Overhanging superstructure

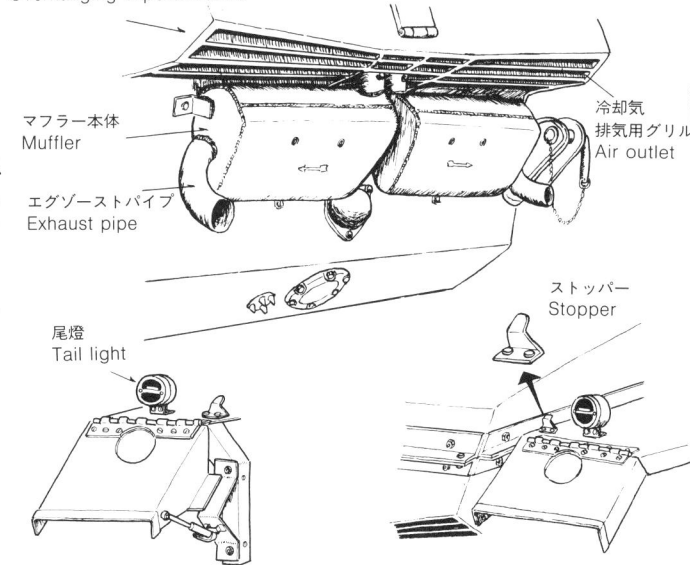

マフラー本体
Muffler

エグゾーストパイプ
Exhaust pipe

尾燈
Tail light

冷却気排気用グリル
Air outlet

ストッパー
Stopper

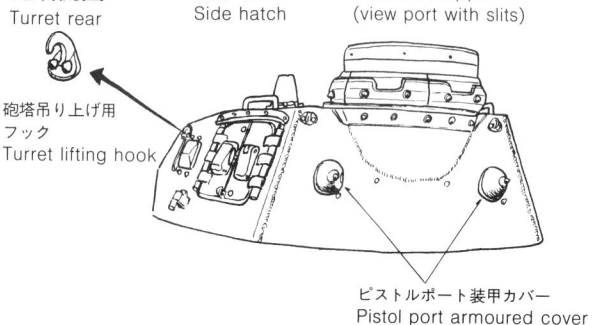

図-43　車体後部
Rear of hull

始動用クランク差し込み口カバー
Starter crank port cover

発煙筒ラック
Smoke candle rack

誘導輪基部
Idler wheel shaft

反射式尾灯
Reflector

牽引用フック
Track tensioner and tow eye bracket

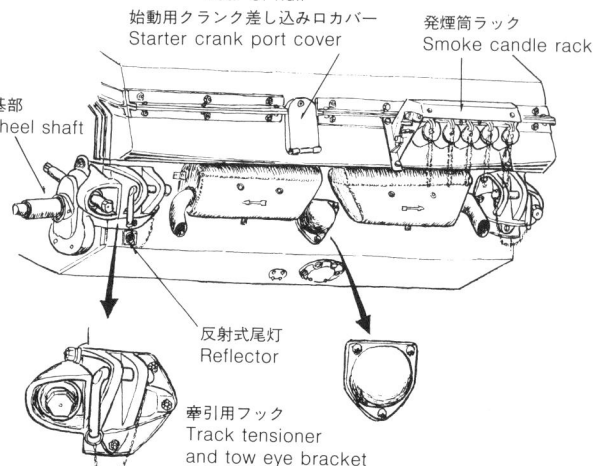

図-44　後部フェンダー内側
Rear and flap

固定具
Retainer

図-45　砲塔前面
Turret front

シグナルポート
Signal port

キューポラ
Cupola

信号塔
Signal tower

内装式防盾
Internal mantlet

信号塔（シグナルポートの上に固定されている）
Signal light tower on signal port

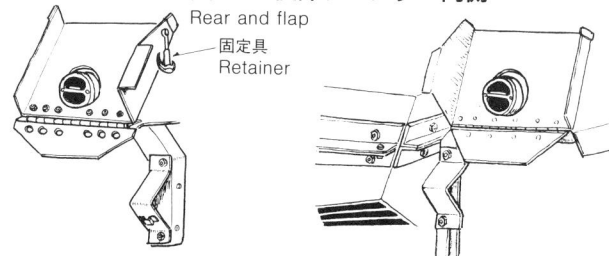

図-46　砲塔左側面
Turret port

同軸機銃
Machine gun

3.7cm砲
3.7cm gun

砲手用フラッペ
Gunner's klappe (view port)

砲手用クラッペ
Gunner's klappe

ストッパー
Retainer

給油作業中のシーンで、OVM類が定位置に装備され、E／F型の車体後部の形状がよくわかる
Pzkfpw Ⅲ ausf E

雨樋
Rain gutter

図-47
砲塔右側面
Turret starboard

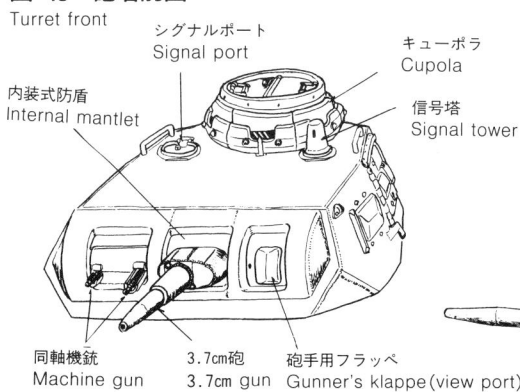

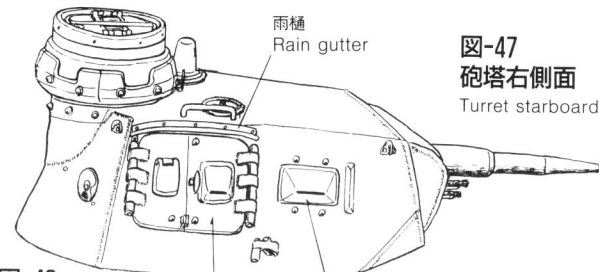

図-48
砲塔側面
Turret rear

砲塔吊り上げ用フック
Turret lifting hook

側面ハッチ
Side hatch

装填手用クラッペ（スリットつき）
Loader's klappe (view port with slits)

ピストルポート装甲カバー
Pistol port armoured cover

## 図-50　前部牽引用ホールド
### Front tow eye bracket

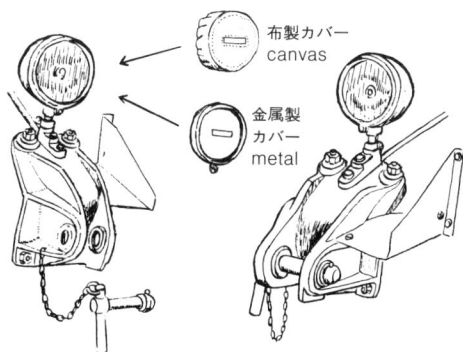

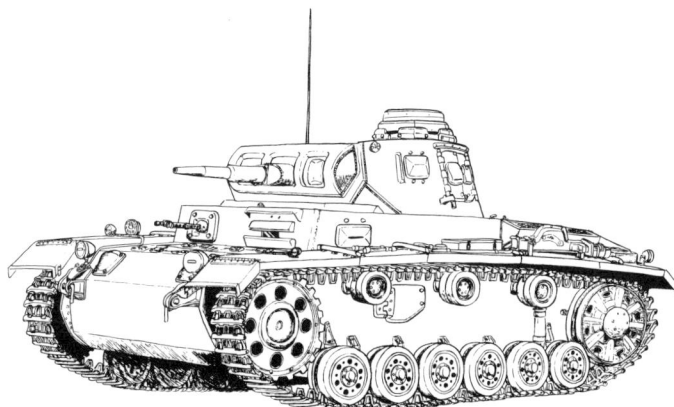

布製カバー
canvas

金属製カバー
metal

ブレーキ通気孔カバー
Brake cooling air intake cover

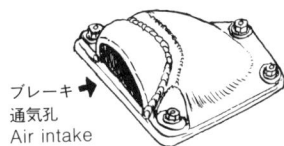

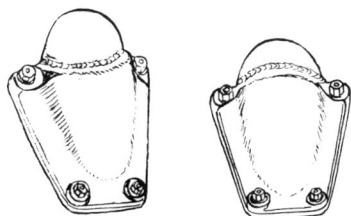

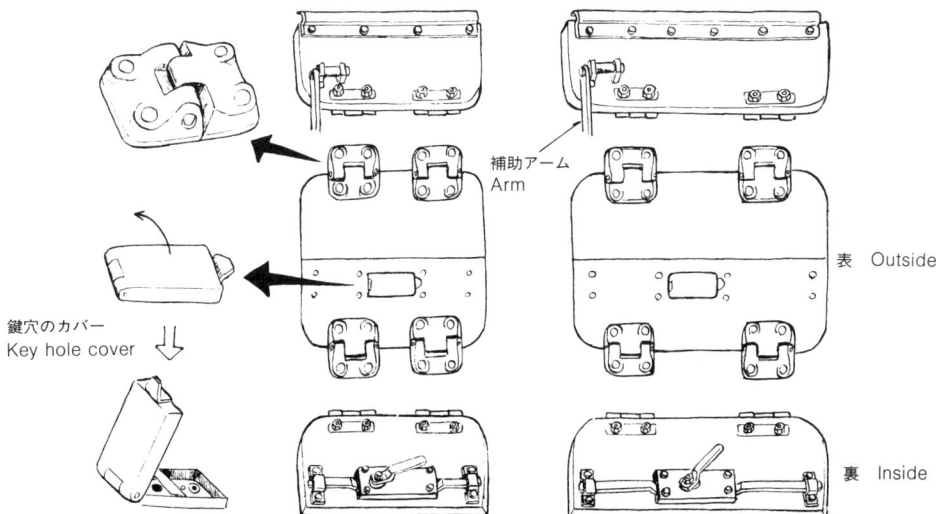

### 図-49　車体下部前面
Lower hull front

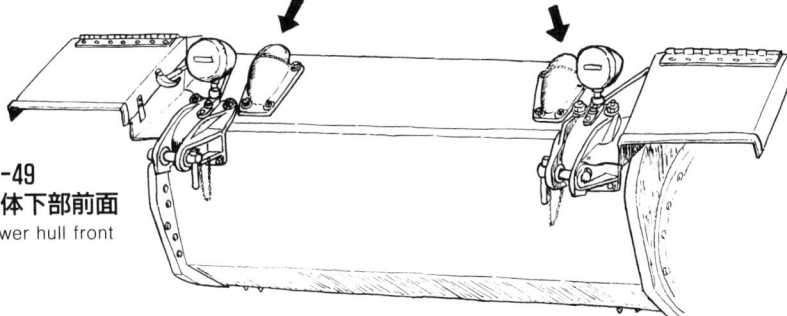

### 図-52　車体上部前面
Upper hull front

警笛　Horn

車幅標示燈
Hull width indicator light

車幅標示燈
Hull width indicator light

ノテックライト追加装備例
（矢印の3ヶ所）
Note the three exsamples
of Notek light positions

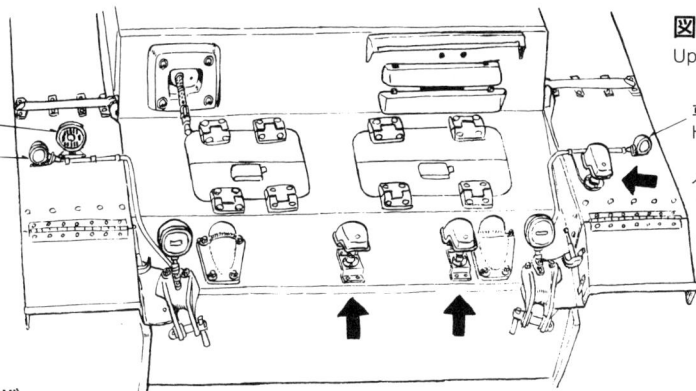

### 図-53　前部点検ハッチ
Front inspection hatches

### 図-51　ブレーキ通気孔カバー
Brake cooling air intake cover

ブレーキ
通気孔
Air intake

補助アーム
Arm

鍵穴のカバー
Key hole cover

表　Outside

裏　Inside

## F型について

　E型を一部改修したものですが、基本的に車体は同じものです。また、エンジンをマイバッハHL120TRMに換装していますが、機動性はほとんど変化していません。F型は1939年9月より1940年7月まで435両生産され、その多くが3.7cm砲を搭載していましたが、1940年5月より42口径5cm砲の生産が始まるとF型においても5cm砲を搭載したものが約100両生産されています。また、並行してE型や3.7cm砲搭載のF型が5cm砲に換装され、30mm厚の増加装甲板が取り付けられていますが、そのE型とF型は識別できないため、F改修型と呼ばれています。F型はフランス戦を皮切りに、次々と戦車連隊に配備されました。

### 車体下部前面（図49）

**●前部牽引用ホールド（図50）**

　形状はⅢ号独自のもので、Ⅳ号と同様に互いに内側に向けて取り付けられています。これは、牽引する際、タグロープをクロスし易くする為の処置でしょう。またフックと一体になっている前照燈には例によって日光の反射を防ぐためにカバーが取り付けられています。

**●ブレーキ用通気孔カバー（図51）**

　これは前述しましたように、F型からのものでE型との識別点となっています。しかし、E型においても後に取り付けられたので、決定的な識別点とは言えないようです。なお、ブレーキ用と書いていますが、最終減速器等の冷却も兼ねており、そのカバーは防弾用の鋳造製のもので、J型から採用になった熔接構造のものとは形状が異なります。

### 車体上部前面（図52）

**●点検ハッチ（図53）**

　このハッチに付く突起はカギ穴用のカバーでカギ穴等が確認できます。なお、このハッチはブレーキや変速器関係の点検のほか、脱出用としても使用されたようです。

**●車幅標示燈（図54）**

　このタイプのものはG型初期あたりまで確認できますが、それ以後は新型のものに変更されているようです。（Ⅰ号A、B型と同じ）

●ホーン（警笛）（図55）

　IV号と同様にIII号でも2種類が確認できます。また、取り付け金具は図のとおりですが、前後を逆にフェンダーに取り付けた例もあります。

●ノテックライト（図52）

　正式装備はG型の途中からのようですが、E、F型においても図のように取付例が3ヶ所確認できます。

## 車体上面 （図56）

●跳弾板

　ポーランド戦の戦訓によりF型途中から取り付けられたようですが、E型にもその後の改修により取り付けられています。

●機関室点検ハッチ（図57）

　前部の内側のヒンジが外側に寄っているのは砲塔が旋回する際、ヒンジとの干渉を避けるための処置だと思われます。また、カギ穴等の位置関係も微妙に違っています。ただ、気になるのはこれらのハッチに把っ手が無いことで、どのようにして開けるのかが疑問です。1つ考えられるのは、ロックを解除することにより、手を掛けられるだけハッチが少し浮き上がるのではないかという事です。なぜならば、現に博物館の車両の写真の一部に少し浮き上がったハッチがいくつか確認できるからです。なお、大きい方のハッチはエンジン関係の点検用と燃料注入のためのものであり、小さい方のものは冷却器関係の点検用のもので、共にエンジンの冷却効率を高める為にハッチを半開きで固定することができます。（図58参照）

## 車体後部 （図59）

　E型と同じ。

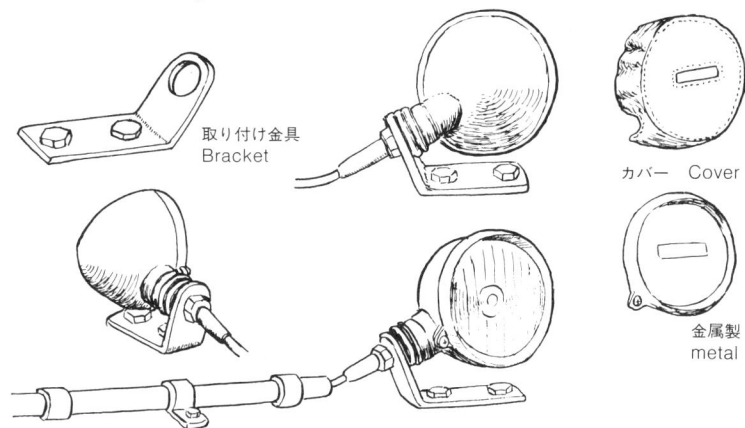

図-54　車幅標示燈
Hull width indicator light

取り付け金具
Bracket

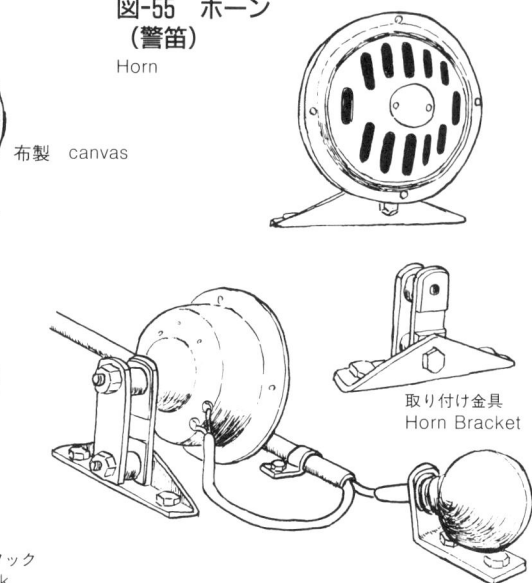

図-55　ホーン
（警笛）
Horn

布製　canvas

カバー　Cover

金属製
metal

取り付け金具
Horn Bracket

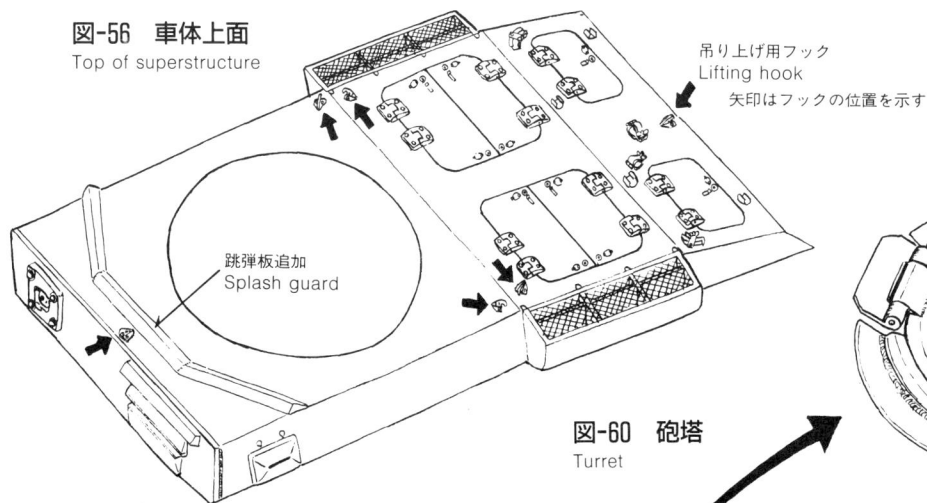

図-56　車体上面
Top of superstructure

跳弾板追加
Splash guard

吊り上げ用フック
Lifting hook

矢印はフックの位置を示す

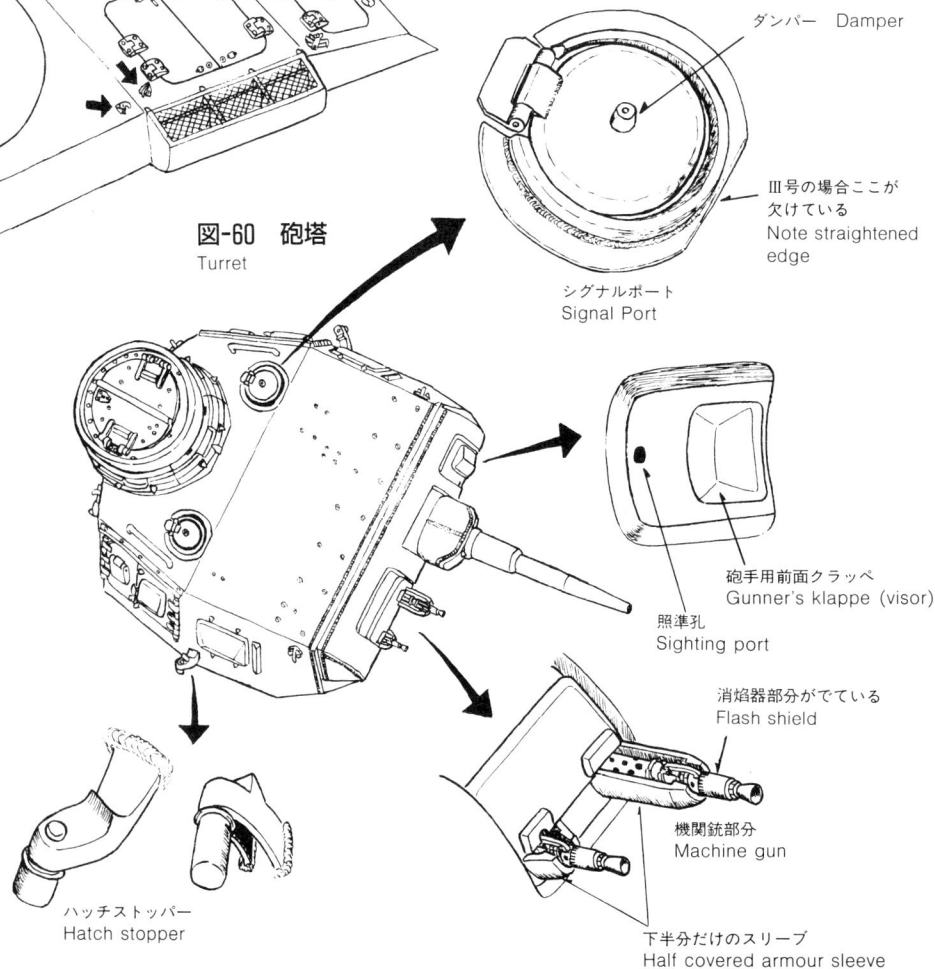

ダンパー　Damper

III号の場合ここが欠けている
Note straightened edge

シグナルポート
Signal Port

図-60　砲塔
Turret

砲手用前面クラッペ
Gunner's klappe (visor)

照準孔
Sighting port

消焔器部分がでている
Flash shield

機関銃部分
Machine gun

下半分だけのスリーブ
Half covered armour sleeve

ハッチストッパー
Hatch stopper

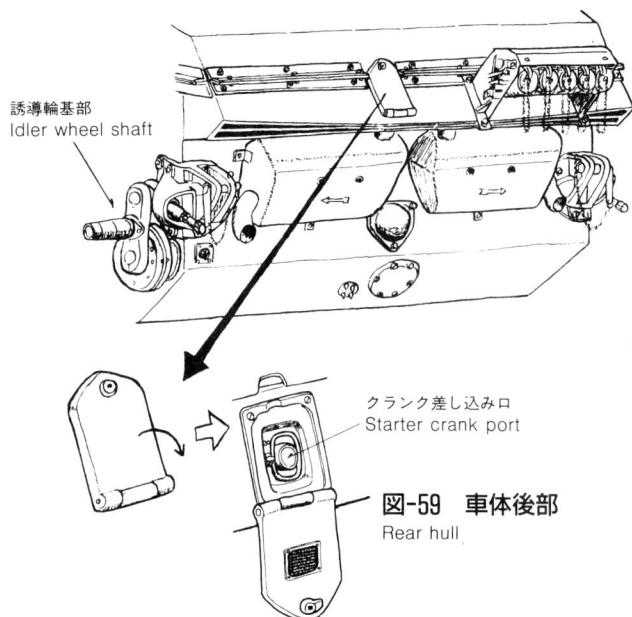

誘導輪基部
Idler wheel shaft

クランク差し込み口
Starter crank port

図-59　車体後部
Rear hull

図-57　機関室点検ハッチ
Engine access doors

図-58　半開きで固定したハッチ
Half opened hatch (fixed)

エンジン点検および燃料給油ハッチ
Engine access and fuel door

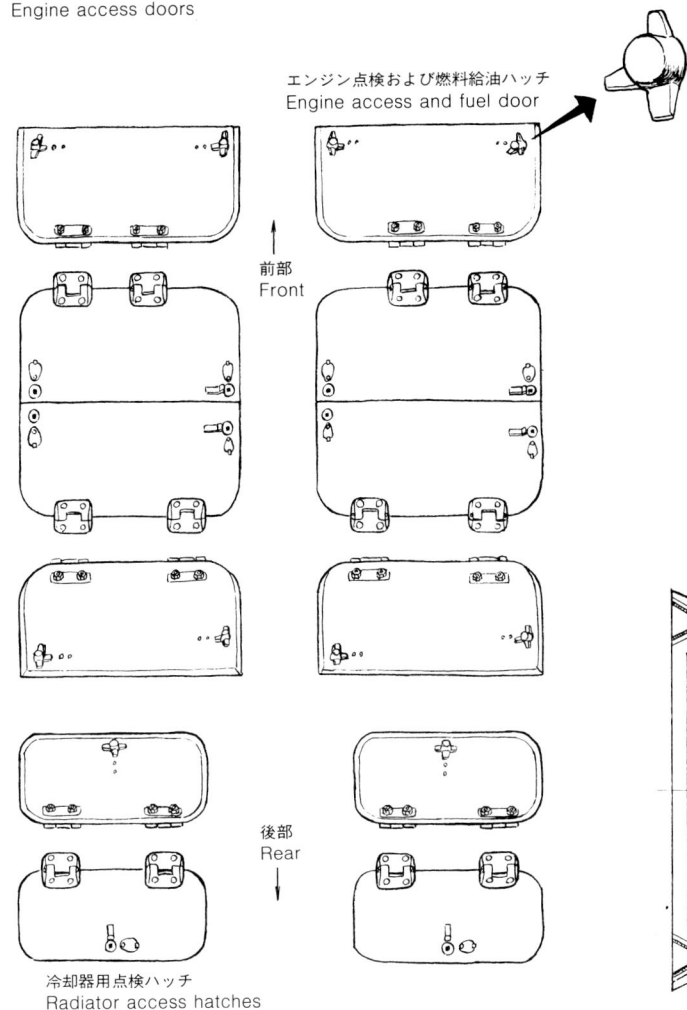

前部
Front

後部
Rear

冷却器用点検ハッチ
Radiator access hatches

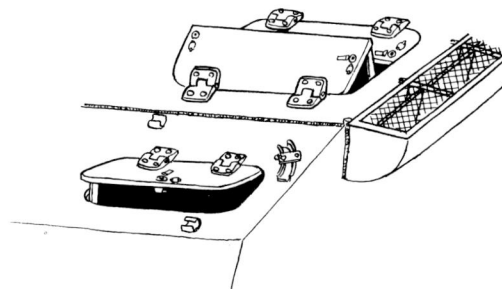

Ⅲ号戦車砲塔（E〜G型初期）　1:35scale ausf E〜G early

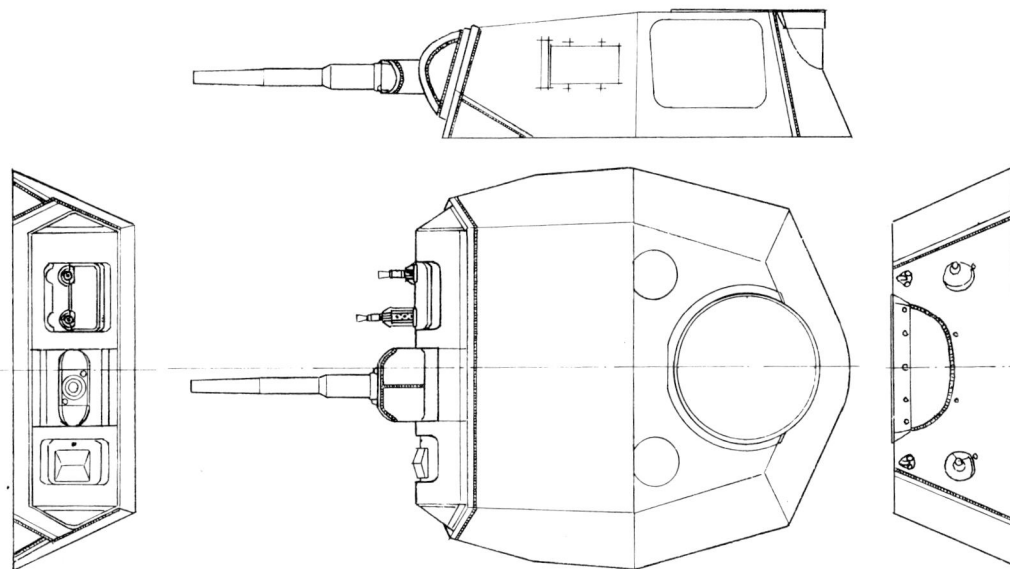

Ⅲ号戦車F型 1/35　作図／富岡吉勝
Pzkfpw Ⅲ ausf F 1:35scale drawn by Yoshikatsu Tomioka

( 37cm GUN MANTELET FRONT VIEW )

DRAWING BY Y.TOMIOKA © 78.3

### 砲塔（図60）

● シグナルポート
　F型あたりから例の信号塔（ダミーのシグナルポート？）の代わりにシグナルポートが確認できます。
　（G型初期の一部にも信号塔が付いている例が確認できますが…）
● 照準孔
　砲手用クラッペの隣には照準孔（TZF5a用）があります。
● 同軸機銃
　連装のMG34の位置関係および半分だけのスリーブをイラストにしてみましたので、参考にしてください。

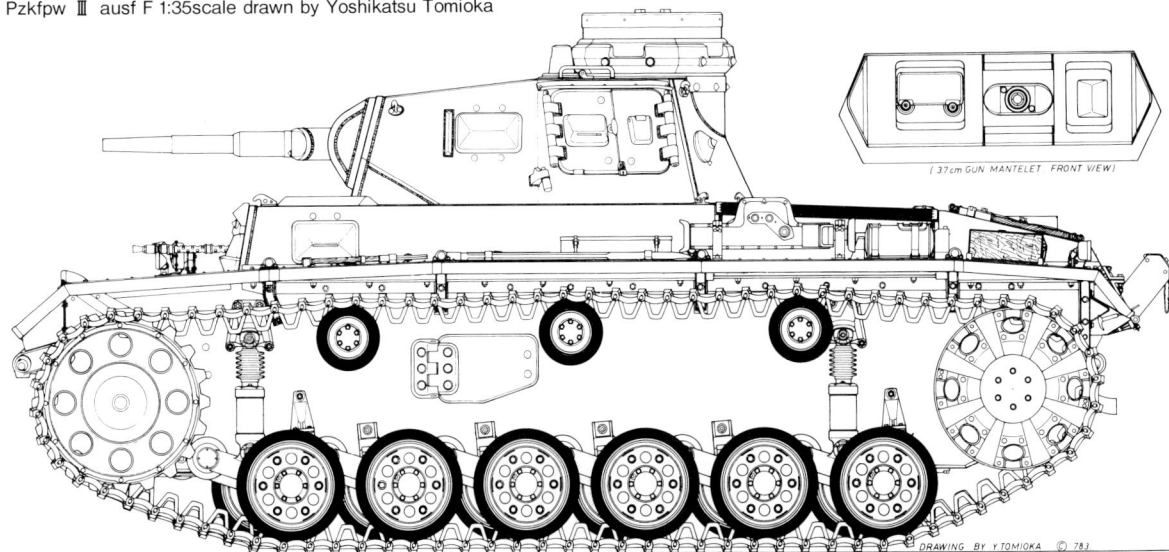

PANZER Ⅲ        ALLEMAGNE

車体前面の前照燈ベースと一体になった牽引ホールド
The front tow eye bracket with head light base.

ホールドの周囲の増加装甲が切り欠かれているのに注意
Note how the applique armour is cut around the bracket.

ブレーキ冷却気吸入孔の装甲カバー
Armour protector for brake cooling air inlet

増加装甲は写真のようにボルト留めされることが多い
Applique armour is usually bolted in place as shown here.

点検ハッチの中に、L字型の開閉ハンドルが見える
This view shows the opening handle.

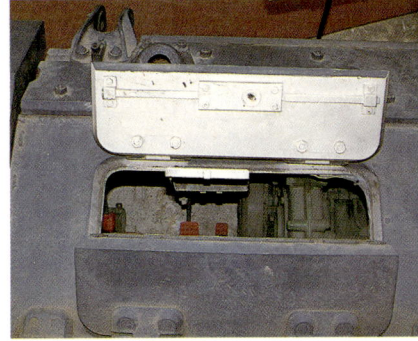

前部点検ハッチ、裏側のロックレバーが失われている
An open inspection hatch, the locking lever is missing.

車体前部の点検ハッチ、鍵穴のカバーが開いている
Inspection hatch, note the opening key hole cover.

アンテナ基部
Radio aerial base

無線手用のクラッペにはスリットがない
Radio operator's klappe(visor)without slit.

車体前方機銃マウント
Bow machine gun mount

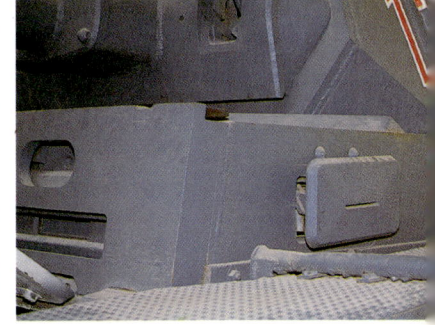

スリットのある操縦手用クラッペ
Driver's klappe with slit

起動輪は後期型でホイールキャップが失われている
Drive sprocket wheel

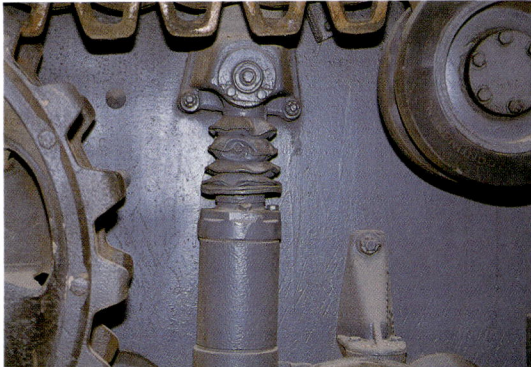

ダンパーと上部転輪
Damper and upper return roller

点検ハッチのヒンジ
Hinges of inspection hatch

# Ⅲ号戦車 G型

Panzer Kampfwagen Ⅲ ausf G

## G型について

　ポーランド戦やフランス戦の戦訓により、Ⅲ号戦車の主砲である3.7cm砲が敵戦車に対し、全く役に立たないことが判明すると、ドイツ兵器局は5cm砲の開発を急がせました。5cm砲はすでに1938年1月よりクルップ社で開発が行われており、1940年4月より生産が始まったG型に装備される予定でしたが、砲の生産が間に合わず、ようやく同年7月より5cm砲搭載車両が生産されています。また、車体各部において防御力を高める改修が行われており後期型になるとH型同様に30mm厚の装甲板を取り付けています。このようにG型はF型からH型への過渡期の車両であり、多くのバリエーションが存在します。なおG型には北アフリカ用の熱帯地仕様（ＴＰ仕様）の車両も存在し、1941年までにG型の総生産台数は600両にもなっています。

### 足まわり

　基本的にはＥ／Ｆ型と同じですが、後期になるとＨ型仕様に改修されたようです。
● 転輪（図61,62）
　Ｅ型の頁でも書きましたが、Ｅ型からＮ型までは転輪が2種類存在し、このG型あたりから新型のものに変更されています。もちろん、新旧の転輪が混在した車両も確認できます。
● 誘導輪内側（図63）
　誘導輪の内側の形状は外側と同じですが、8つ開いている穴は筒抜けにならないように、内側と外側の穴をずらして取り付けられています。

### 車体上部前面（図64）

● 操縦手用前方視察クラッペ（図65）
　G型からⅣ号Ｅ型と同じ30mm装甲板用のFahresehklappe30に変更されています。3.7cm砲を搭載した車両でもこの部分を見れば、簡単に旧型と識別できます。

### 右フェンダー（図66）

● 車幅標示燈（図66,67）
　G型より取り付け方法が変更され、これはＬ型まで続きます。
● 工具箱

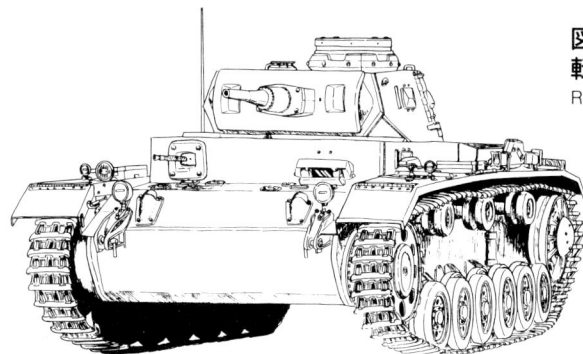

図-61
転輪（Ｅ～G型一部）
Road wheel (ausf E～G)

図-62
転輪（G～Ｎ型）
Road wheel (ausf G～N)

図-63
誘導輪内側（Ｅ～G型
Inside of idler wheel (ausf E～

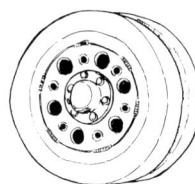

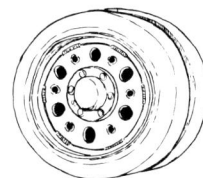

図-64車体上部前面 Front side of superstructure

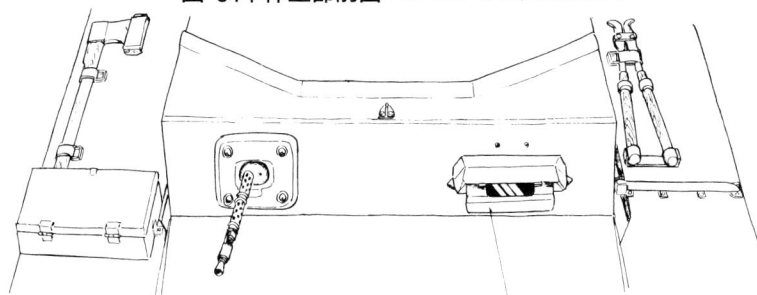

図-65
操縦手用前方視察クラッペ
(Fahresehklappe 30) Driver's visor block

操縦手用前方視察クラッペ
Drivers visor block

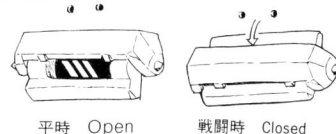

図-69　車体上部後面
Engine deck

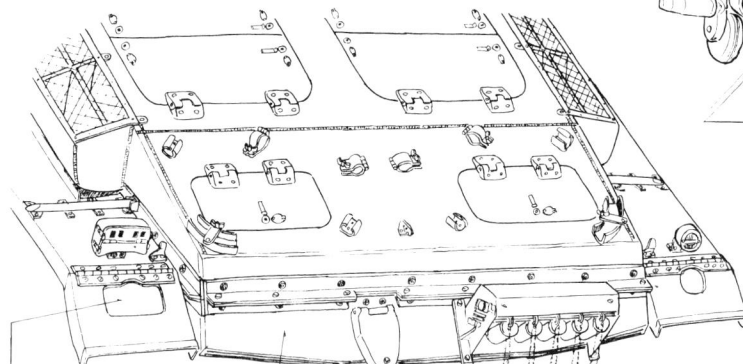

平時　Open　　　戦闘時　Closed

マッドフラップの穴が
丸から四角へと変わる
The hole of mud flap
is changed to a
square from a circle.

装甲厚が21mmから30mmに増加
The armour thickness is
increased to 30mm from
21mm.

クランク差し込み口カバーの変化
Transition of crank port cover

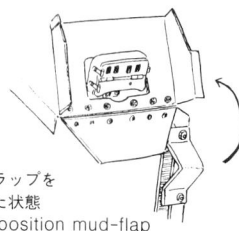

マッドフラップを
跳ねあげた状態
Folding position mud-flap

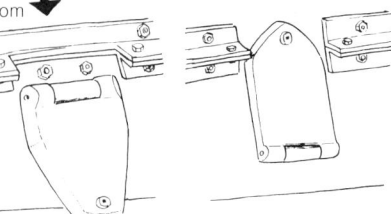

G，Ｈ型　Ausf G～H

E，F型　Aust E～F

図-68
タグロープ正規搭載位置（G～Ｌ型初期）
Official mounting position of tow cable

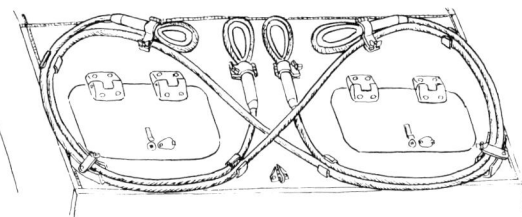

図-70　車体下部後面　Rear hull

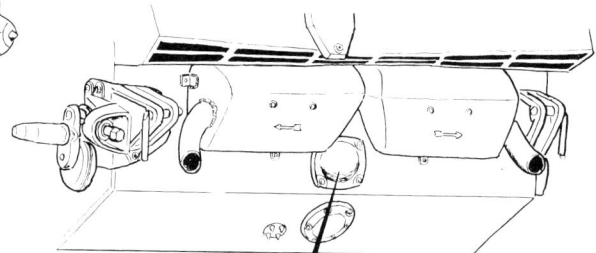

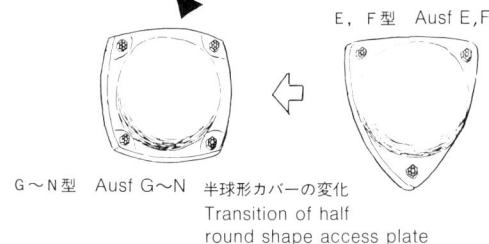

E，F型　Ausf E,F

G～Ｎ型　Ausf G～N　　半球形カバーの変化
Transition of half
round shape access plate

図-72　内装式防盾（Ｅ～G型）
Internal mantlet ausf E～G

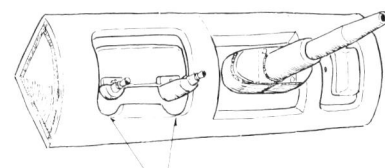

この部分が欠けている
Mount for machin guns

16

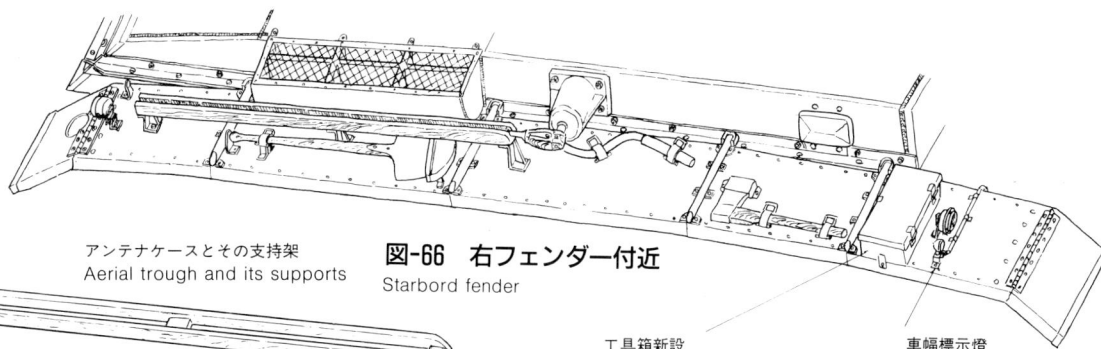

アンテナケースとその支持架
Aerial trough and its supports

## 図-66　右フェンダー付近
Starbord fender

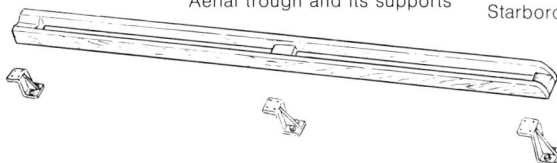

工具箱新設
Tool box added

車幅標示燈
Hull width indicator

車幅標示燈とホーン（警笛）の後に工具箱が
新設されています。

車幅標示燈とホーンの配線
Wiring of hull width indicator
and horn

### ●アンテナケース
　ケースの3つの支持架の形状は同じようですが、大きさは異なり、後ろになるに従い、小さくなっています。それに伴いケースは傾いて取り付けられています。次にケース本体の底板は支持架の取り付け部分だけで、他は筒抜けになっています。なお、Ⅳ号ではケースにスペア・

## 図-67　左フェンダー
Port fender

ノテックライト標準装備化
Notek light now official
equipment

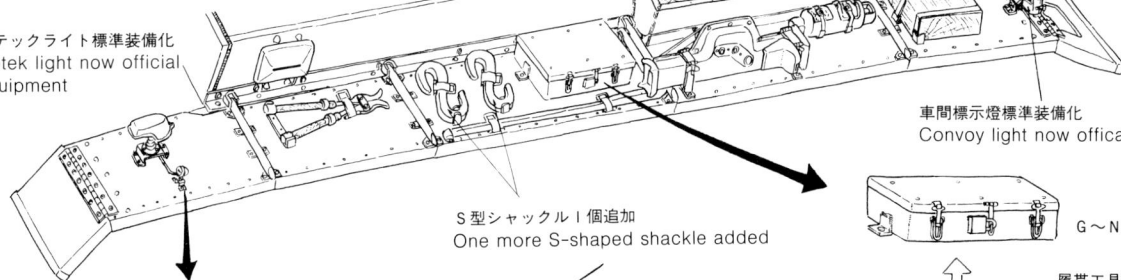

車間標示燈標準装備化
Convoy light now offical equipment

S型シャックル1個追加
One more S-shaped shackle added

G～N型Ausf G～N

G～L型
Ausf G～L

履帯工具箱の変化
Transition of
track tool box

A～F型
Ausf A～F

車幅標示燈の変化
Transition of hull width
indicator light

A～F型
Ausf A～F

ノテックライトと車幅標示燈
Notek light and hull width indicator light

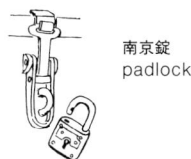

南京錠
padlock

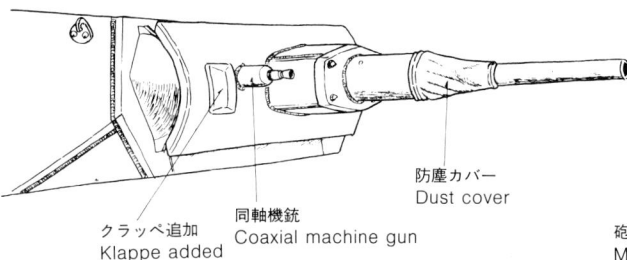

## 図-71　外装式防盾（G，H型）
External mantlet ausf G,H

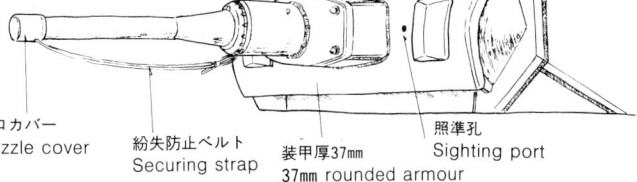

防塵カバー
Dust cover

クラッペ追加
Klappe added

同軸機銃
Coaxial machine gun

砲口カバー
Muzzle cover

紛失防止ベルト
Securing strap

装甲厚37mm
37mm rounded armour

照準孔
Sighting port

アンテナを収納できるようになっていましたが、Ⅲ号ではそのようにはなっていないようです。しかし、戦車の耳となる大切なものだけにスペア・アンテナは携帯していたと思われます。

## 左フェンダー （図67）

### ●ノテックライト
　このノテックライト（管制型前照燈）が標準装備されたのはG型からです。
### ●S型シャックル
　タグロープが2本装備されたことにより、S型シャックルも2個に増えています。
### ●履帯用工具箱
　それまでと異なり、中央で南京錠をかけるようになっています。さて、この工具箱は履帯用の工具箱と思われます。と言うのは、ティーガーⅠの後部左マッドフラップ上に取り付けられているものと酷似している点と履帯接合時の写真などでそのフタが開いていた点などによるものです。なお、Ⅳ号戦車編において履帯用工具について考察しましたが、Ⅲ号でもⅣ号と同じ履帯を使用しているにもかかわらず、この履帯用工具はⅢ号ではE型以降、見当たりません。この工具箱に折り畳んで収納されているのでしょうか。（エンジンデッキ内との説あり）

## 機関室上面 （図69）

### ●機関室点検ハッチ
　Tp（熱帯地）仕様にはハッチに通気孔カバーを設けた車両がありますが、これについてはH型の頁をご覧ください。
### ●タグロープ
　E／F型では、1本だったタグロープもG型から2本になり、その取り付け金具の位置もそれに伴い、変更されています。

## 車体後部 　（図69）

### ●クランク差入口カバー
　装甲厚がこれまでの21mmから30mmに増加されたのに伴い、クランク差し込み口カバーの厚みや形状が変化し、ヒンジも下部から上部に変化しているようす。これは、ヒンジが下では何らかの理由でカバーの鍵が外れた場合、カバーが下に開いた状態となり、エンジンに直結する大事な部分が丸見え（無防備）となってしまうからだと思われます。その点、ヒンジが上に付いていれば、例え鍵がはずれていても何ら影響は無い訳です。
### ●車間標示燈
　尾燈に代わってこれが標準装備されたのもG型からであり、それによりマッド・フラップも跳ね上げた際、車間標示燈が見えるように丸い穴が四角に変更されています。
### ●半球状のカバー （図70）

砲塔上面のシグナルポート（信号ハッチ）
Signal port on turret top

雑具箱の留め金が見える
Note the clasp which holds the stowage bin.

砲塔上面のベンチレーターカバーは穴を残して失われている
Turret ventilator cover is missing.

キューポラ後方のビジョン・ブロックは閉じた状態
The cupola showing the segmented shutters.

18

機関室上面の冷却機点検ハッチ
Engine deck radiator access hatch

冷却機点検ハッチ（左）とエンジン点検ハッチ
Radiator access hatch (left) and engine access doors

冷却機点検ハッチ
Radiator access hatch

ジャッキの取り付け金具
Jack brackets

蓋がとれてしまった始動クランク差し込み口
Starter crank port, the cover is missing.

誘導輪基部
Idler wheel base

牽引ホールドに一体となった履帯緊張調整装置
Track tensioner with tow eye bracket

車体後面板の下側
Under side of tail plate

右側の排気マフラーは失われている
Starboard exhaust muffler is missing.

後面板下側の排気ルーバー、被弾で一部変形している
Engine air outlet, the louvres have been bent by shell impact.

誘導輪
Idler wheel

# III号戦車G型（後期型、増加装甲付、熱帯地仕様）

1／35　作図・資料提供／富岡吉勝

Pzkfpw III ausf G  late (trop.)  1:35 scale drawn by Yoshikatsu Tomioka

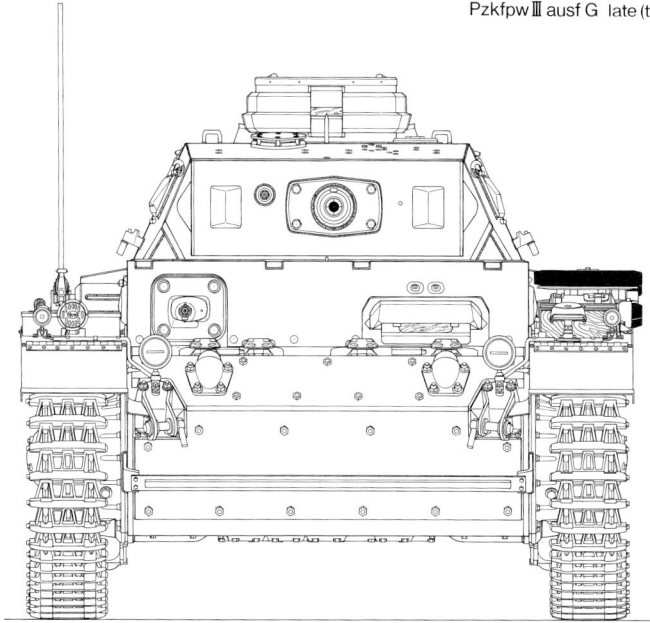

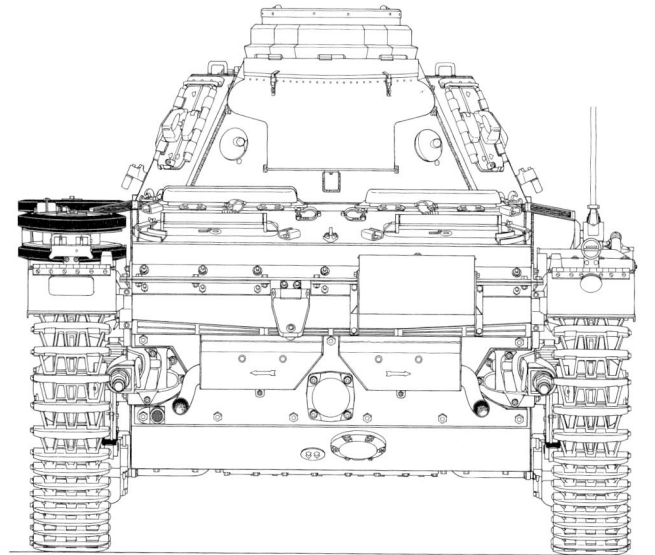

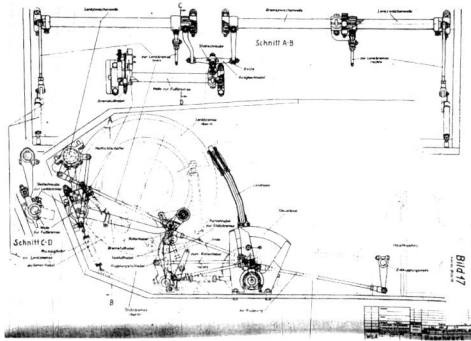

操縦装置　Driving device

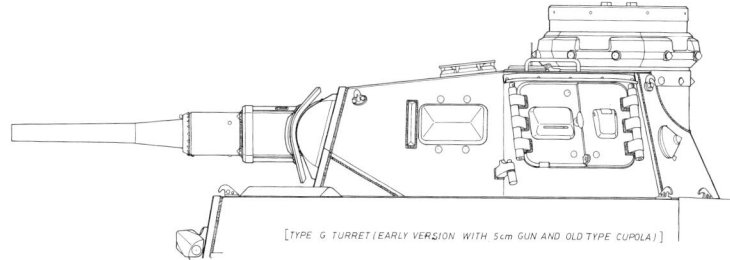

[TYPE G TURRET (EARLY VERSION WITH 5cm GUN AND OLD TYPE CUPOLA)]

5 cm砲装備の初期型砲塔

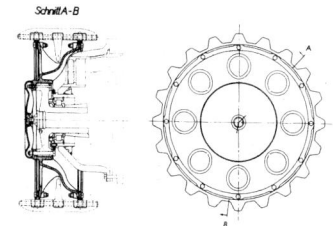

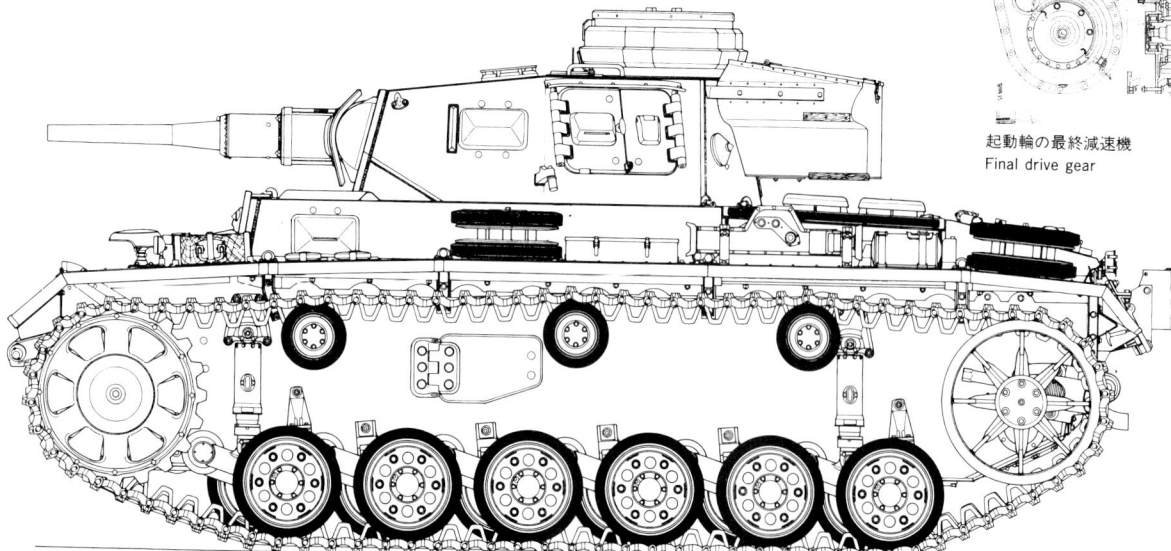

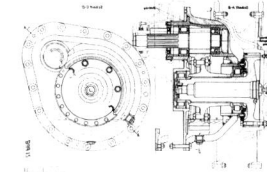

起動輪の最終減速機
Final drive gear

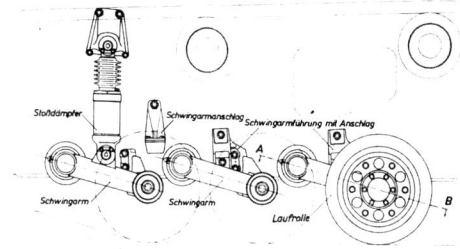

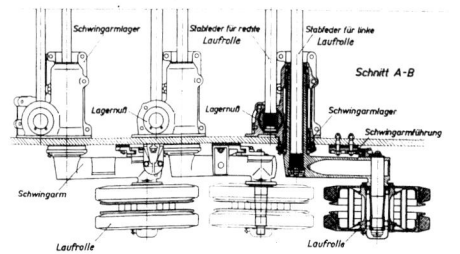

DRAWING BY Y TOMIOKA  © 78.3

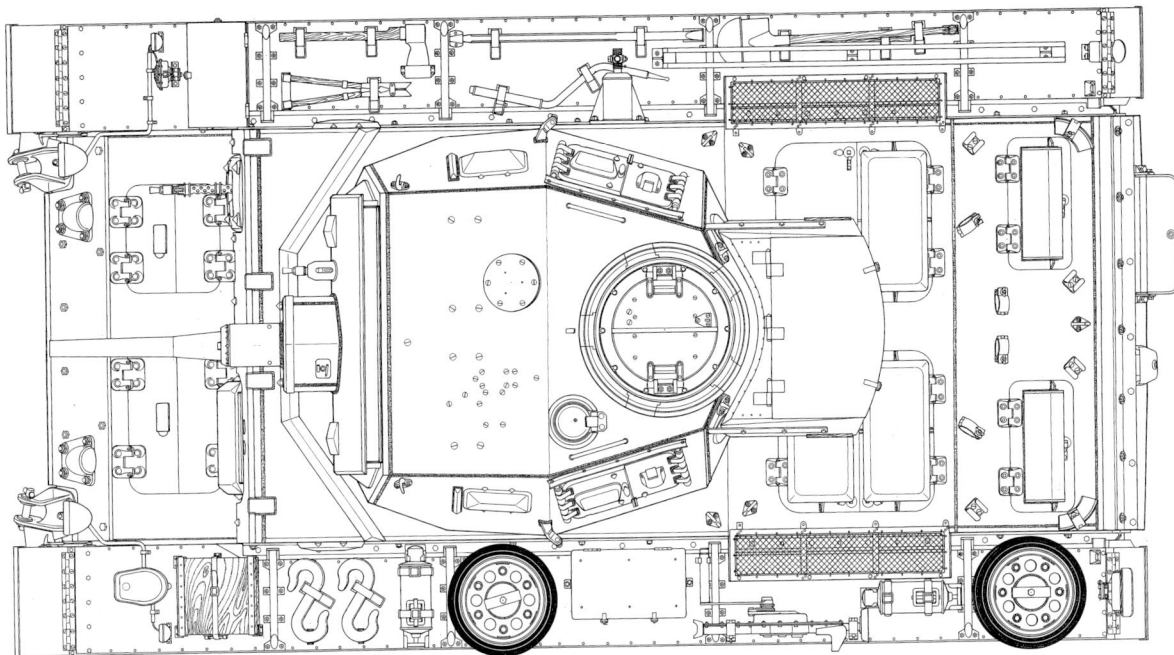

1941年5〜6月、北アフリカ・リビアにおける第5軽師団第5戦車連隊所属
で、旧型のキューポラを装備したG型初期。当初、アフリカに派遣された車
両はグレーのままだったが、砂漠用の塗料が用意されるまでは、砂を水や油
で溶いて塗ったり、イタリア軍や捕獲したイギリス軍の塗料が使用されたた
め、装備ばかりでなく塗装においてもバラエティに富んでいた。
An ausf G early model of 5th Panzer regiment in Africa May
〜June 1941.

操縦手用クラッペ
Driver's vision port

操縦手位置、フレームだけ残った天井のヘッドパッドに注意
Driver's position, note the frame of head protection pad.

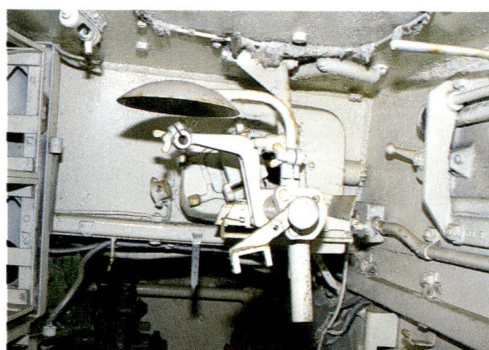

無線手席の車体機関銃マウント
Bow machine gun mount of radio operator's position

装填手用の補助砲塔旋回ハンドル、旋回を急ぐときに使う
This black handwheel is for auxiliary turret traverse.

車体下部側面の脱出ハッチ
Lower hull side escape hatch

車体脱出ハッチ内側
Inside detail of hull escape hatch

脱出ハッチから見た操縦手席付近
Driver's position from hull escape hatch

変速機と無線機ラック
Transmission and radio rack

コマンダーズ、キューポラ
(司令塔)
Commander's cupola

司令塔の内部ディテール
Inside detail of cupola

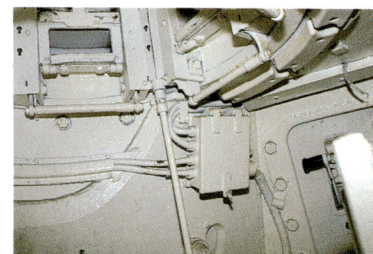

車長位置
Commander's position

雑具箱（ゲペックカステン）はロンメル箱と呼ばれていた、右側にはピストルポートの装甲カバーが見える
The stowage bin was named the "Rommel-kiste" by German tank crew, to the right is the pistol port with its armoured cover in place.

砲手席からの眺め、黒いのは俯仰ハンドル、照準器は失われている
The gunner's position, the black handwheel is for gun elevation. The telescope sight is missing.

赤い操作レバーのついた5センチ38式戦車砲L/42の砲尾閉鎖器
The breech of the 5cm KWK38 L/42 gun with red breech operating lever.

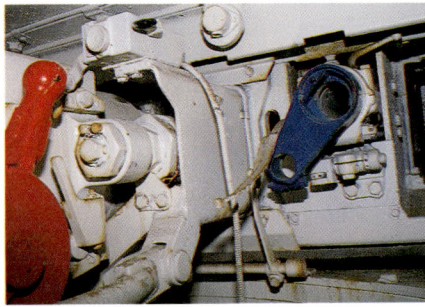

青い同軸機銃マウント
Blue coaxial machine gun mount

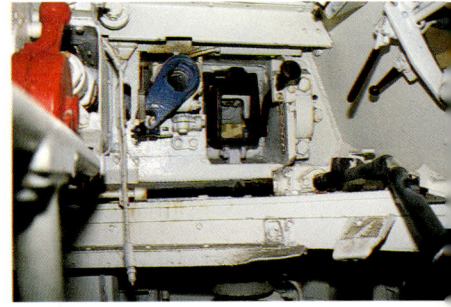

装塡手用クラッペの内側細部に注意
Note the inside detail of loader's view port

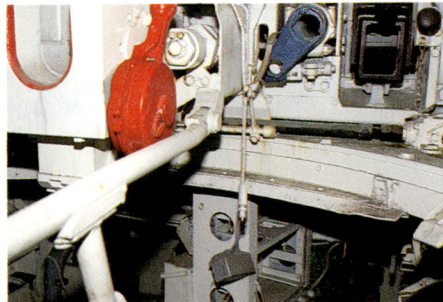

砲塔リング
Turret ring

装塡手用クラッペと同軸機銃用装甲スリーブ
Loader's view port and machine gun amour protector

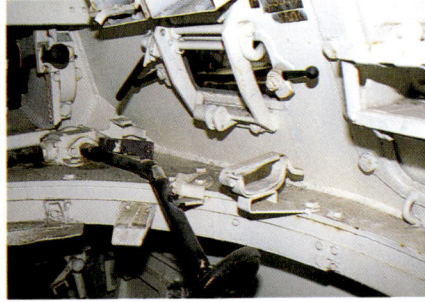

装塡手用側面クラッペ、その下には機関銃の予備銃身の取り付け金具が見える
Loader's view port, a spare machine gun barrel bracket can be seen below.

装塡手用砲塔側面クラッペ
Loader's turret side view port

砲塔側面ハッチのピストルポート
Pistol port of turret side hatch.

砲塔側面ハッチ（砲手位置）
Turret side hatch（gunner）

砲塔側面ハッチ
Turret side hatch

車長席から見た砲手席
The gunner's position view from the commander's seat.

砲手シート、後に見えるのは砲弾ロッカー
The gunner's seat with an ammunition stowage locker in the background.

車体下部の装甲厚の増加に伴い、このカバーの形状も変化しています。なお、F型改修型もこの新型のカバーを取り付けているようです。

## 砲塔（図71～74）

G型の砲塔はこれから説明する各部分の新旧部品が混在したいろいろなバリエーションがあります。

### ●主砲

当初、G型は5cm砲の生産が間に合わなかったため、1940年4月から6月に生産された約50両程が3.7cm砲を装備していたようです。しかし、同年7月より5cm砲の搭載が開始され、3.7cm砲搭載の初期生産車両も後にE型やF型とともに換装されたようです。

### ●防盾（図71）

主砲の換装に伴い、防盾もそれまでの内装式から外装式防盾で変更されています。これは小火器の弾片などが、間に入って砲の上下動ができなくなった戦訓によるものです。その他では、同軸機銃が1挺減り、代わりにクラッペが設けられています。なお、J型のものとは装甲厚やクラッペの形状などが異なります。また、内装式の防盾に同軸機銃の下の部分（図72）が、十分な俯角が得られるように欠けています。

### ●キューポラ（図73,74）

途中からⅣ号E型から採用された新型キューポラに変更されています。なお、3.7cm砲搭載車両にも取り付けられているのが確認できます。

### ●ベンチレーター（図74）

G型からベンチレーターを設けていますが、最初から正規の位置にあったのではなく、当初は左側のシグナルポートがあった位置より内側のキューポラ直前に取り付けられていたようです。しかし、具合が悪かったようで、その部分を円板でふさぎ、Ⅳ号戦車と同じ正規の位置に取り付けられています。その後、シグナルポートが右から左に移され、この配置は後の型に引き継がれていきます。

### ●砲塔基本形状（図73～76）

当初はE／F型と同じ旧型のものでしたが、H型が並行生産されたことにより、後部がすっきりした一枚板の新型の砲塔に変更されたようです。（G型には新型砲塔は存在しないという説もあります）

### ●ゲペックカステン（図75,76）

G型ではゲペックカステン（雑具箱）は標準装備では無いようですが、アフリカ戦線の車両にはそのほとんどに装備されています。取り付け方法はⅣ号戦車と同様ですが、新型砲塔ではゲペックカステンの内側から砲塔吊り上げ用フックを利用して取り付けてあります。なお、H型あたりまでにはアンテナ絶縁用の木片は付いていないようです。

**図-73　G型砲塔バリエーション**
Ausf G turret variation

新型キューポラを装備した例あり
Newly designed commander's cupola

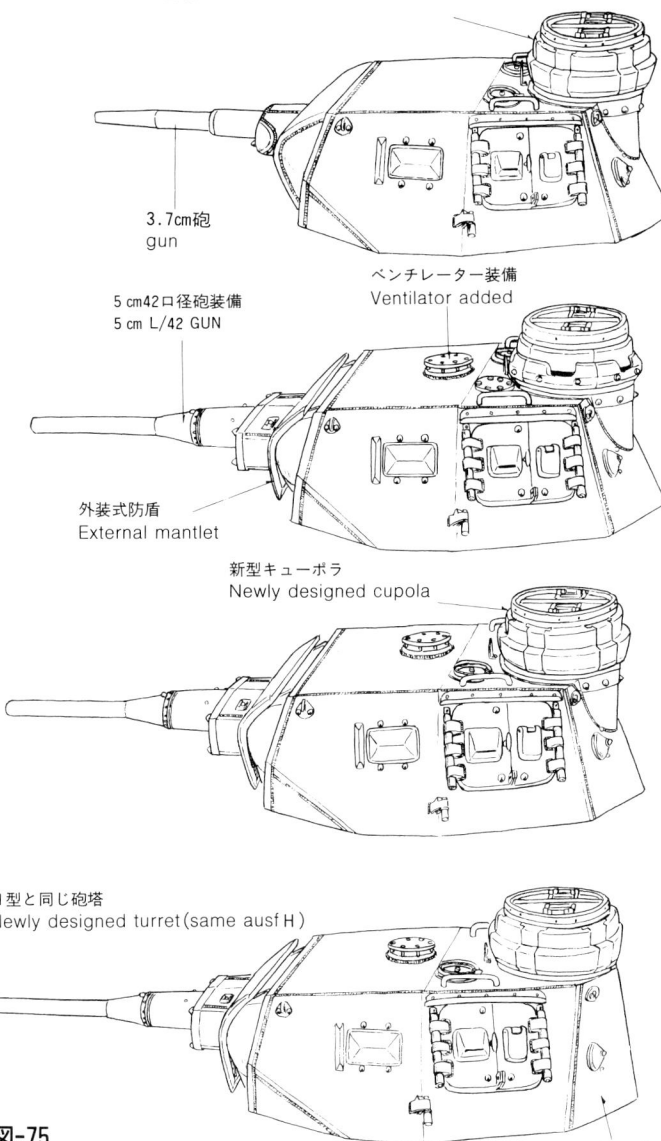

3.7cm砲
gun

5cm42口径砲装備
5cm L/42 GUN

ベンチレーター装備
Ventilator added

外装式防盾
External mantlet

新型キューポラ
Newly designed cupola

H型と同じ砲塔
Newly designed turret(same ausf H)

新型砲塔より後部形状変更
Rear of turret has different profile

**図-74　砲塔上部の変遷**
Variation of turret top

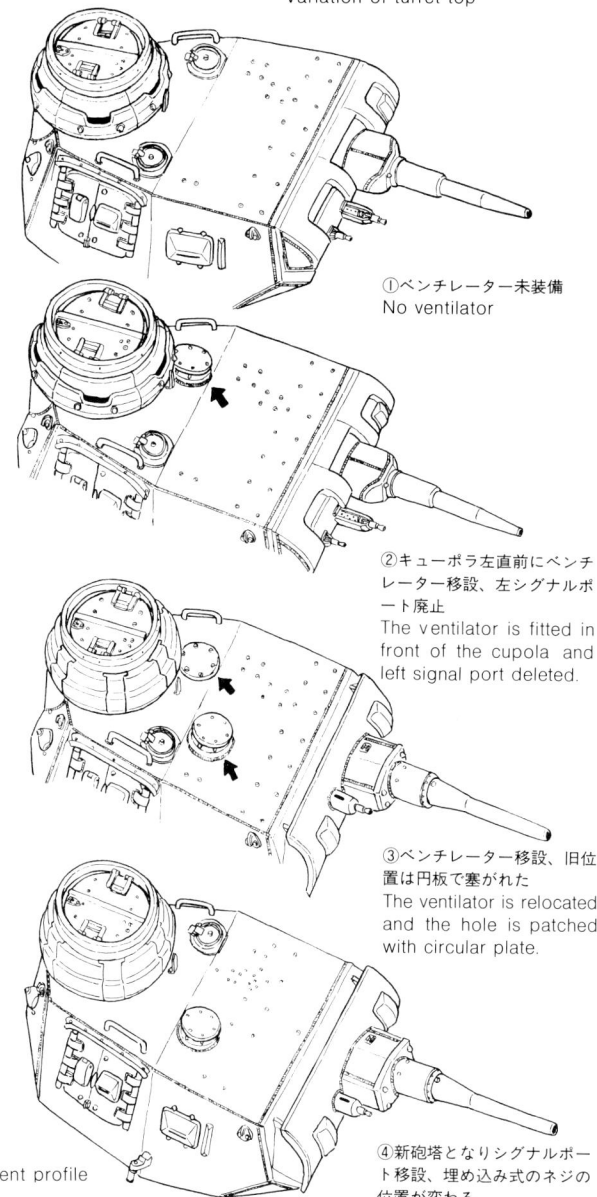

①ベンチレーター未装備
No ventilator

②キューポラ左直前にベンチレーター移設、左シグナルポート廃止
The ventilator is fitted in front of the cupola and left signal port deleted.

③ベンチレーター移設、旧位置は円板で塞がれた
The ventilator is relocated and the hole is patched with circular plate.

④新砲塔となりシグナルポート移設、埋め込み式のネジの位置が変わる
The newly designed turret shows the signal port is relocated from right to left.

**図-75**
ゲペックカステン取り付け状況（旧砲塔）
Stowage bin mounting bracket (early type)

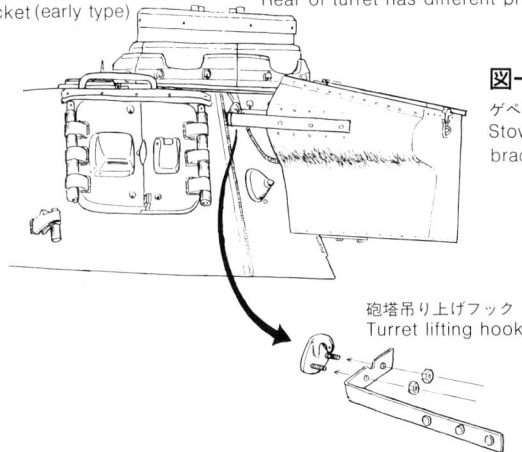

砲塔吊り上げフック
Turret lifting hook

**図-76**
ゲペックカステン取り付け状況（新砲塔）
Stowage bin mounting bracket (late type)

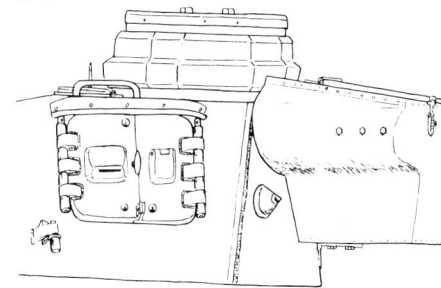

1940年7月、フランス戦終了後の撮影で、第1戦車師団第2戦車連隊所属車
両。(ナンバーの横の「点」が第2戦車連隊を示すものと思われる)いちばん
手前の車両は跳弾板があることからF型、次がⅡ号戦車のc型〜C型の内の
いづれかで、3、4両目がE型、木の向こう側がⅡ号戦車。3両目のE型が
再塗装している写真は有名だが、この写真は塗装後のもののようだ。
From left to right, Pzkfpw III ausf F(note the splash guard of turret
ring), Pzkfpw II ausf C〜C and two Pzkfpw III ausf Es of 2nd
Panzer regiment 1st Panzer Division in France July 1940.

フランス戦における第10戦車師団第7戦車連隊
所属のF型。砲塔に対し、37mm砲は貧弱に見え
るが、これは5cm砲でも搭載できるように当初
より設計されているため。なお、行軍中は写真
のように主砲や機銃にカバーを付けて砂塵など
から砲を守っている。
Pzkfpw III ausf F of 7th Panzer regiment
10th Panzer Division.

1941年4月、バルカン作戦における第9戦車師団
第33戦車連隊のF改修型。改修型はF型の車体前
面などに30mmの増加装甲を施し、主砲を42口径の
5cm砲に換装して砲塔上面にベンチレーターを増
設したもので、履帯も起動輪にスペーサーをかま
せ、40cm幅のものを履いている。
An ausf F (reworked) model of 33rd Panzer
regiment 9th Panzer Division in April 1941
at Balkan front. This vehicle was up-ar-
moured and up-guned to 5cm KWKL/42.

新型キューポラを装備したG型後期で、1941年6月〜7月、東部戦線南部戦区の第13戦車師団第4戦車連隊所属車両。G型からゲペックカステンを取り付けた車体が多い。
An ausf G (late) model with new cupola in Southern front of Russia June〜July 1941. The stowage bin had been an official equipment since ausf G.

バルカン作戦中の第2戦車師団第3戦車連隊所属車両。車体後部のエンジン始動用クランク棒差込ロカバーがG／H型特有のもので、E／F型はヒンジが下についている。なお、写真の車両はキューポラからG型後期とわかる。
An ausf G (late) model of 3rd Panzer regiment 2nd Panzer Division. Note the starter crank port cover on the tail plate.

# Ⅲ号戦車 H型

**Panzer kampfwagen Ⅲ ausf H**

## H型について

戦訓により防御力の増強を図ったのがこのH型です。といっても基本装甲を改める余裕がなかったため、増加装甲板をボルト留めした応急処置となっています。また、防御力の向上に伴う車体重量の増加と重量配分の変化により、足まわりもそれに合わせて改修され、乗員に不評だった変速器もZFSSG77に換装され、操縦性を高めています。42口径5cm砲砲を当初より装備したのもH型からであり、そのため砲塔の形状も改修されています。H型は1940年10月から1941年4月までに308両が生産されていますが、G型後期との識別は困難です。

### 足まわり

●起動輪（図77）
　履帯幅の変更に伴い、H型から新型の起動輪が採用されています。なお、旧型においては、40cm幅の履帯を用いる場合は起動輪にスペーサーをかませて対応したようです。

●誘導輪（図78）
　起動輪同様、H型から新型に変更され、N型まで採用されています。

●上部転輪（図79）
　前述した重量配分の変更により、第1上部転輪が前に移動しており、この改修は旧型においても施されているようです。

●履帯（図80）
　重量の増加により、接地圧を減少させるため、履帯幅を36cmから40cm幅のものに変更されています。40cm幅の履帯はいくつかのタイプが確認できますが、H型においては図の2種類が見られます。（ここでは便宜上、それぞれA、Bと区別）Aタイプは36cm幅に酷似しているため誤認され易いので注意が必要ですが、J型初期の車両あたりまで使用されたようです。また、A・Bタイプを混用している車体も確認できます。

●ショックアブソーバー（図81）
　H型から第1・6転輪用のショックアブソーバーも新型になっています。

### 車体上部前面（図82、83）

防御力向上のために30mmの増加装甲板を取り付けていますが、F改修型（E型も含む）とは操縦手用の前部クラッペが異なるため、その形状や取り付け方法に違いが見られます。

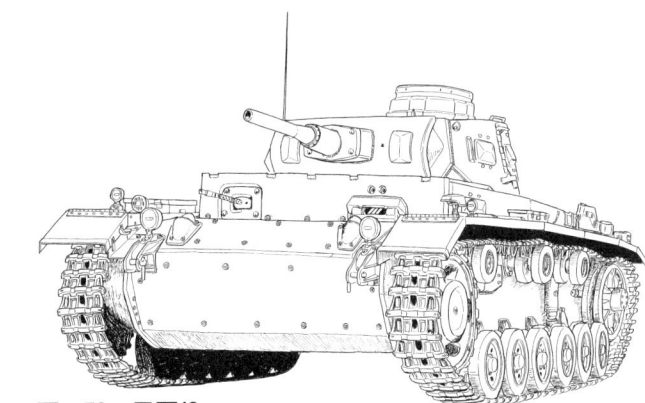

図-79　足回り
Track work

第Ⅰ上部転輪が前方に移動
Repositioned return roller

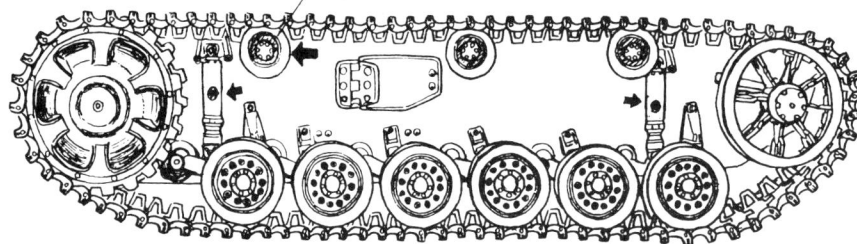

図-77　起動輪（H〜N型）
Drive sprocket wheel (AusfH〜N)

図-78　誘導輪（H〜N型
Idler wheel (AusfH〜N)

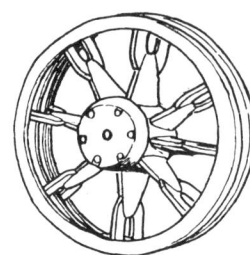

図-80　履帯
Track link

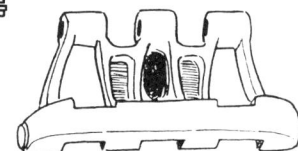

36cm 幅
36cmwidth (AusfA〜G)

40cm 幅A
40cmwidth(A) (AusfH.J)

40cm 幅B
40cmwidth(B) (AusfH〜N)

図-82　車体上部の増加装甲板（30mm厚）
Front hull 30mm extra armour

図-83　車体前部
Front hull

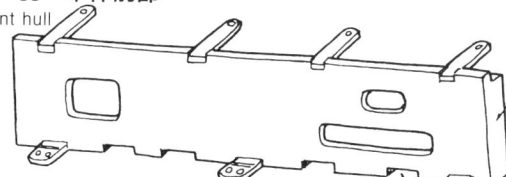

スペースドアーマーなので厚く見える
Spaced armour

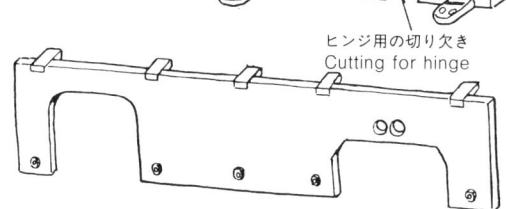

ヒンジ用の切り欠き
Cutting for hinge

F改修型
Ausf F reworked model

G型後期、H型
Ausf G late model and ausf H

図-81
ショックアブソーバー
Shock absorber

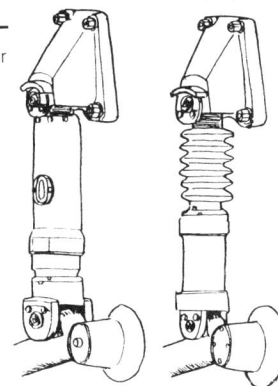

装甲シャッターの回転軸が露出していない
The pivot of armoured shutter is not exposed.

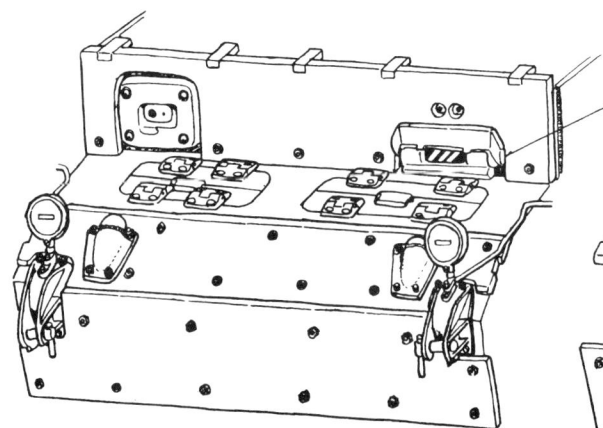

図-84　車体下部前面の増加装甲板
Lower hull front extra armour

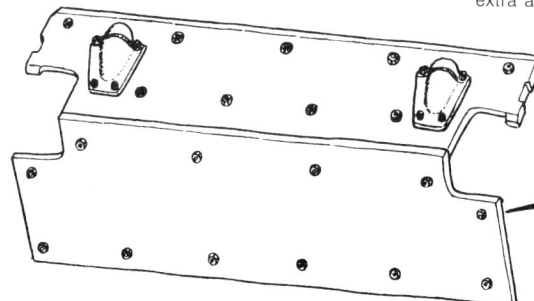

ネジは車体に熔接されている
The male screw is welded on the hull.

## 図—85 車体上面H～J型
Superstructure Ausf H ～J

車体吊り上げフックの変化
Transition of lifting hook

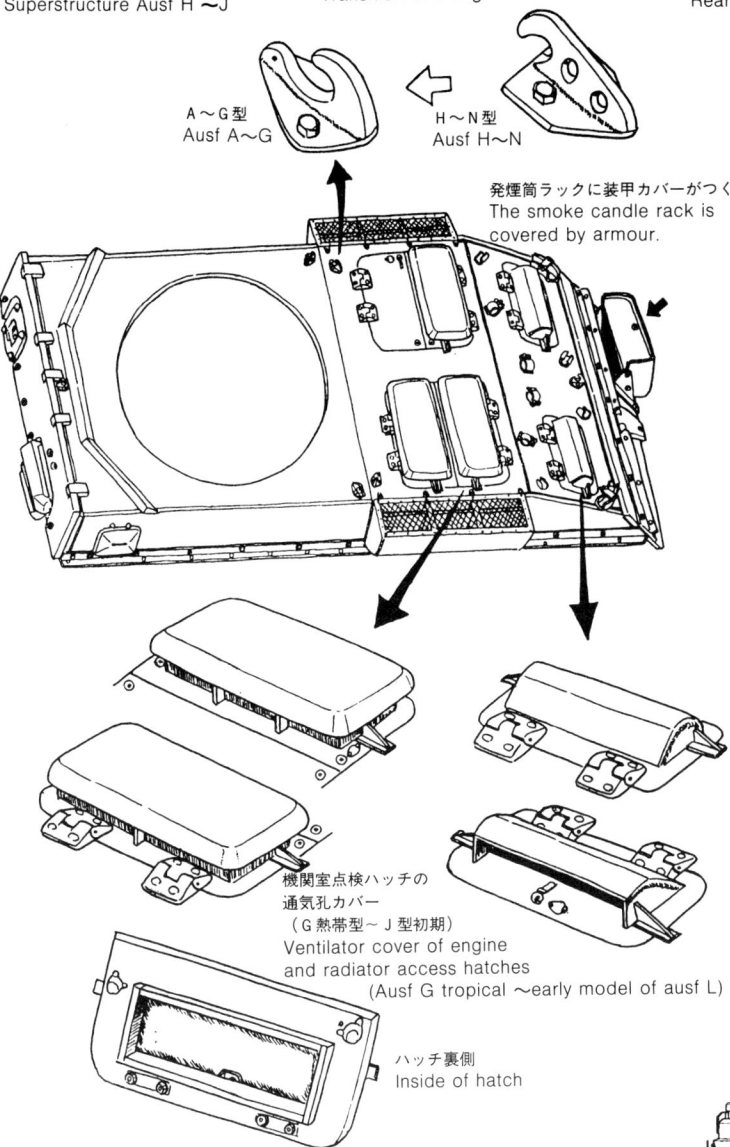

A～G型
Ausf A～G

H～N型
Ausf H～N

発煙筒ラックに装甲カバーがつく
The smoke candle rack is covered by armour.

機関室点検ハッチの通気孔カバー
（G熱帯型～J型初期）
Ventilator cover of engine and radiator access hatches
(Ausf G tropical ～early model of ausf L)

ハッチ裏側
Inside of hatch

## Ⅲ号戦車H型

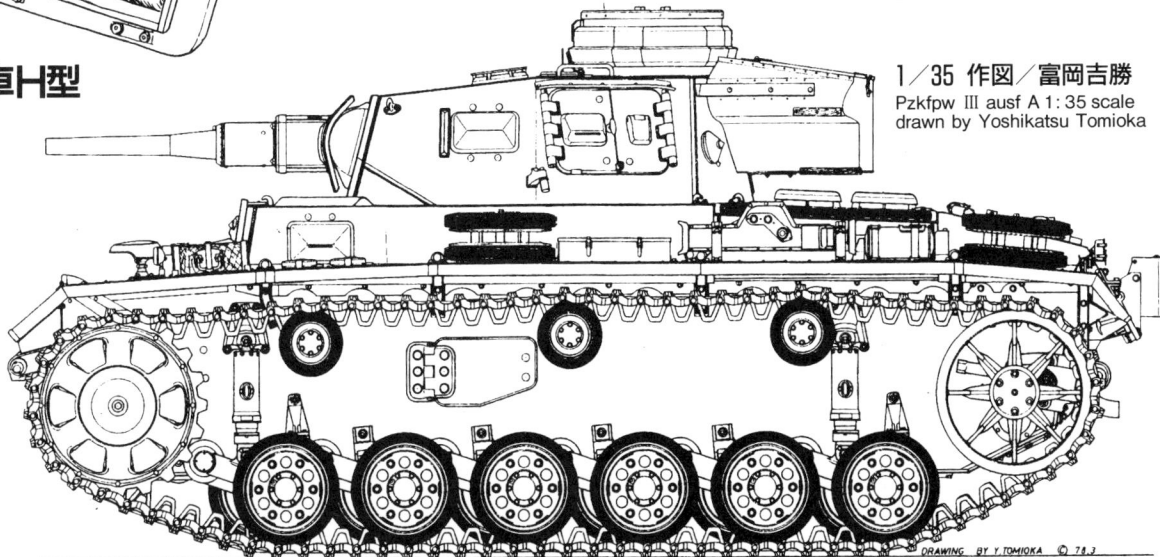

## 図—86 車体後部
Rear hull

装甲カバーつき発煙筒
Smoke candle with armour protector

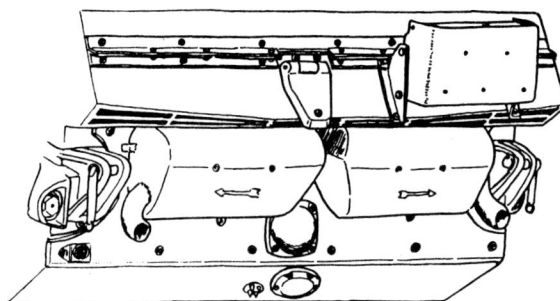

## 図—87 車体後下部増加装甲板
Extra armour for lower hull rear

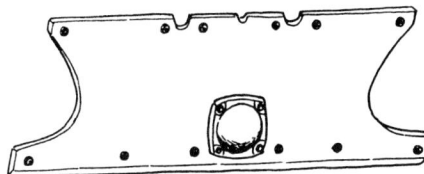

## 図—88 後部マッドフラップ（泥よけ）の変化
Transition of rear mud flap

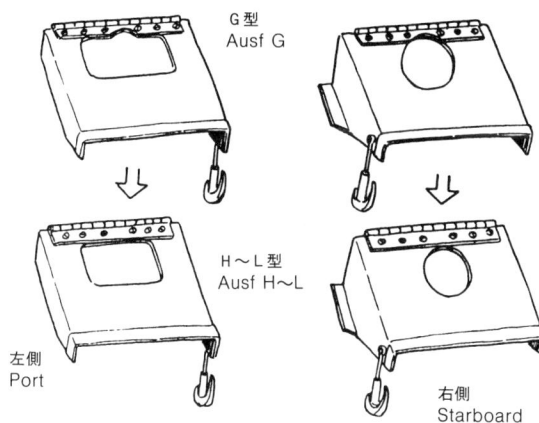

G型
Ausf G

H～L型
Ausf H～L

左側
Port

右側
Starboard

1／35 作図／富岡吉勝
Pzkfpw Ⅲ ausf A 1：35 scale
drawn by Yoshikatsu Tomioka

DRAWING BY Y.TOMIOKA ©78.3

### ●F改修型の増加装甲板
　H型では基本装甲板に密着して取り付けてあるのに対して、F改修型ではスペースド・アーマーとなっているようです。前に張り出して取り付けてあるため、点検ハッチのヒンジ部分を避けるように装甲板の下部が切り欠いてあります。

### ●G型の増加装甲板
　その形状はH型に似ていますが、操縦手用前方視察クラッペ（Fahrersehklappe30）の装甲シャッターの回転軸が突出しているため、その部分を干渉しないように切り欠きが広くなっています。（P.20の4面図参照）また、他にもバリエーションがあるようです。

### ●H型の増加装甲板
　その形状と取り付け方法は図のとおりですが、H型では操縦手用前部クラッペの装甲シャッターの回転軸の突出部分が無くなるとともに、その装甲板の切り欠き部分が少なくなり、防御力を高めています。

### 車体下部前面（図83、84）
　車体に直接ボルト留めしたもので、これは各型同じもののようです。なおボルト留めする場合は車体に穴をあけて取り付けるのではなく、ネジを車体に熔接し、増加装甲板の方に穴をあけてネジを通し、ボルトで固定しています。

### 車体上面（図85）
#### ●車体吊り上げ用フック
　重量の増加により、フックの形状もH型から丈夫なものに変化しています。
#### ●機関室点検ハッチ
　G型Tp（熱帯地）仕様からハッチに通気孔カバーを設けた車両が登場しています。古い資料ではH型から通気孔カバーが常設と記されていましたが、H型やJ型初期においても通気孔カバーの無い車両が確認できます。なお、通気孔カバーの形状や取り付け方法はJ型後期以降のものとは少し異なります。

### OVM（車外搭載物）類
　OVM類の基本配置には変化は無いようです。ただ、ご紹介しているのは基本となる正規搭載位置であり、部隊や各車によっては搭載物や位置が異なります。
#### ●ジャッキ
　車体重量の増加により、OVM類の中ではジャッキのみが変化しているようです。なお、M、N型の一部？ではⅣ号と同じジャッキを搭載している例が確認できます。（P.60のOVMの項参照）

## 車体後部 (図86)

**●発煙筒ラック**

装甲カバー付きのものに変更されています。

**●増加装甲板 (図87)**

図はF改修型のものですが、H型でも形状にはあまり変化は無いと思われます。

**●後部マッドフラップ (図88)**

車間標示燈や尾燈のための切り欠きが、それまでヒンジの一部に喰い込んでいたものから生産性向上のために喰い込まないものに変化しています。

**●誘導輪基部 (図89)**

III号では履帯張度調整装置と牽引用フックが一体化していますが、H型からこの部分も変化しています。履帯張度調整装置とは履帯の張り具合を誘導輪の位置を前後に移動することで調整するもので、III号では張度調整ネジを回すことで調節しているようです。

## 砲 塔

**●砲塔基本形状 (図90)**

H型は当初から5cm砲を搭載する予定で設計されていたため、全て新型砲塔を搭載しています。この砲塔は後部の形状が一枚板のすっきりしたもので生産性の向上に役立ったものになっています。

**●側面ハッチ (図91)**

E型からN型まで使用されたものでIV号F型以降のものと同じです。

**●車長用ハッチ (図92)**

裏表の詳細は図のとおり。

**●ゲペックカステン (図93)**

H型から常設のようですが、ゲペックカステン（雑具箱）の無い車両も確認できます。また、アンテナ絶縁用の木片はまだ付いていないようです。（G型の頁参照）

**●F改修型の砲塔 (図94)**

5cm砲に換装し、ベンチレーターを新設しています。

図-89　誘導輪基部の変化
Transition area around idler wheel

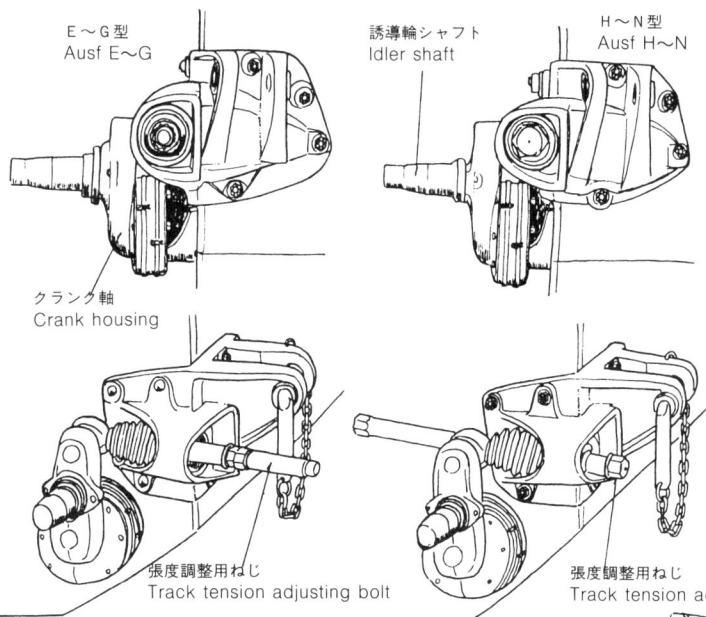

E～G型
Ausf E～G

誘導輪シャフト
Idler shaft

H～N型
Ausf H～N

クランク軸
Crank housing

張度調整用ねじ
Track tension adjusting bolt

張度調整用ねじ
Track tension adjusting bolt

図-90　砲塔の変化
Transition of turret

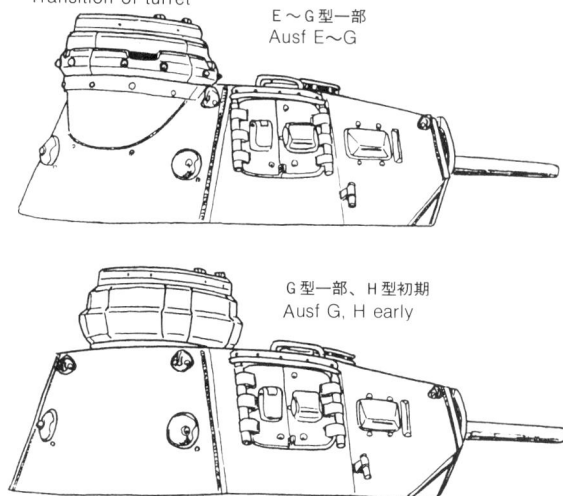

E～G型一部
Ausf E～G

G型一部、H型初期
Ausf G, H early

図-91　側面ハッチ
Side hatch

雨樋（III号独自のもの）
Rain gutter for Pz. III

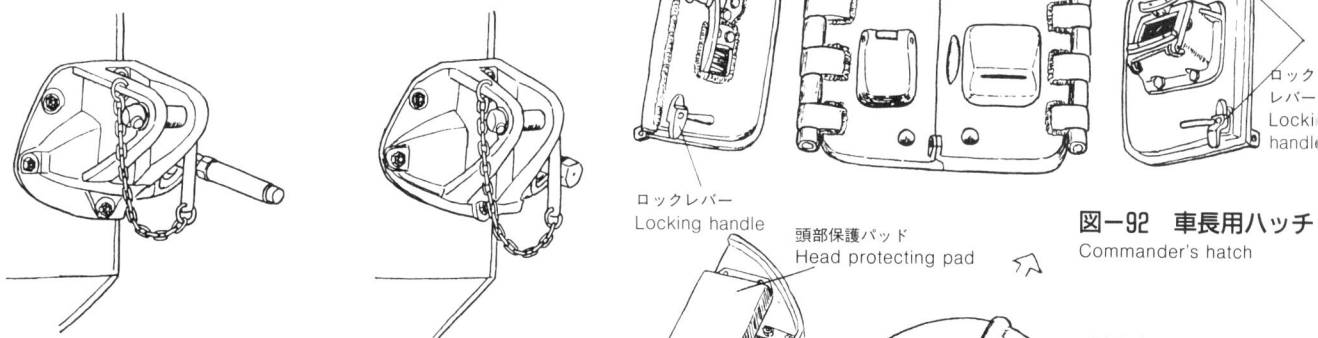

ロックレバー
Locking handle

ロックレバー
Locking handle

図-92　車長用ハッチ
Commander's hatch

頭部保護パッド
Head protecting pad

頭部保護パッド
Head protecting pad

鍵穴
Key hole

ロックレバー
Locking handle

図-93　砲塔後部
Rear side of turret

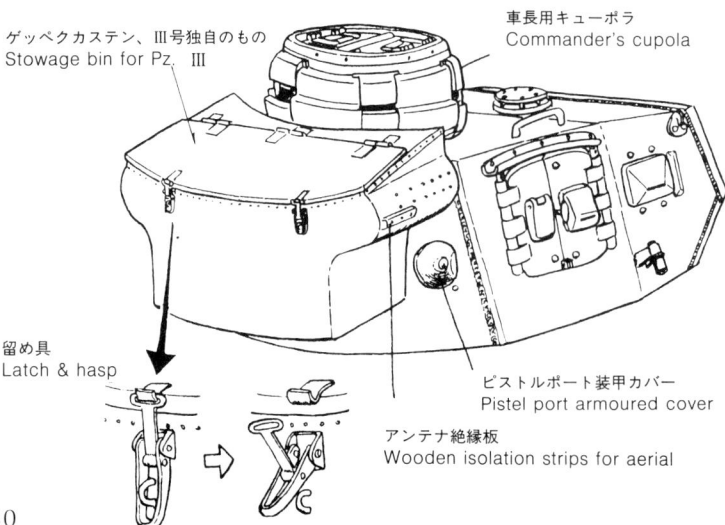

ゲッペクカステン、III号独自のもの
Stowage bin for Pz. III

車長用キューポラ
Commander's cupola

留め具
Latch & hasp

ピストルポート装甲カバー
Pistel port armoured cover

アンテナ絶縁板
Wooden isolation strips for aerial

信号塔付きの車輌も存在
Some vehicles have signal tower.

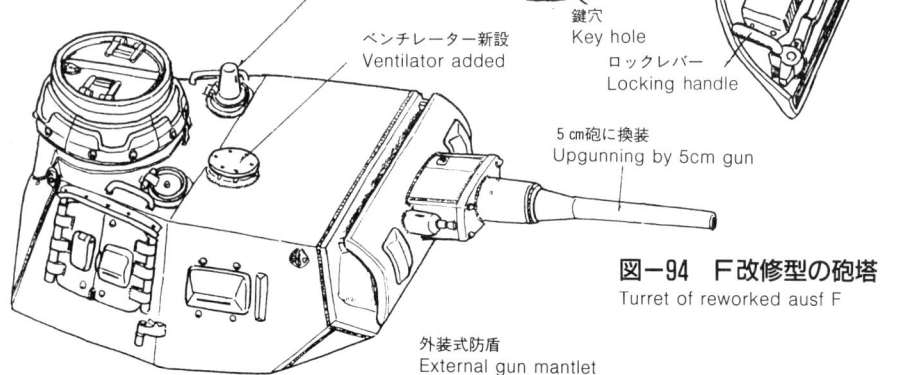

ベンチレーター新設
Ventilator added

5cm砲に換装
Upgunning by 5cm gun

外装式防盾
External gun mantlet

図-94　F改修型の砲塔
Turret of reworked ausf F

## 図－95　車体下部前面　Lower hull front

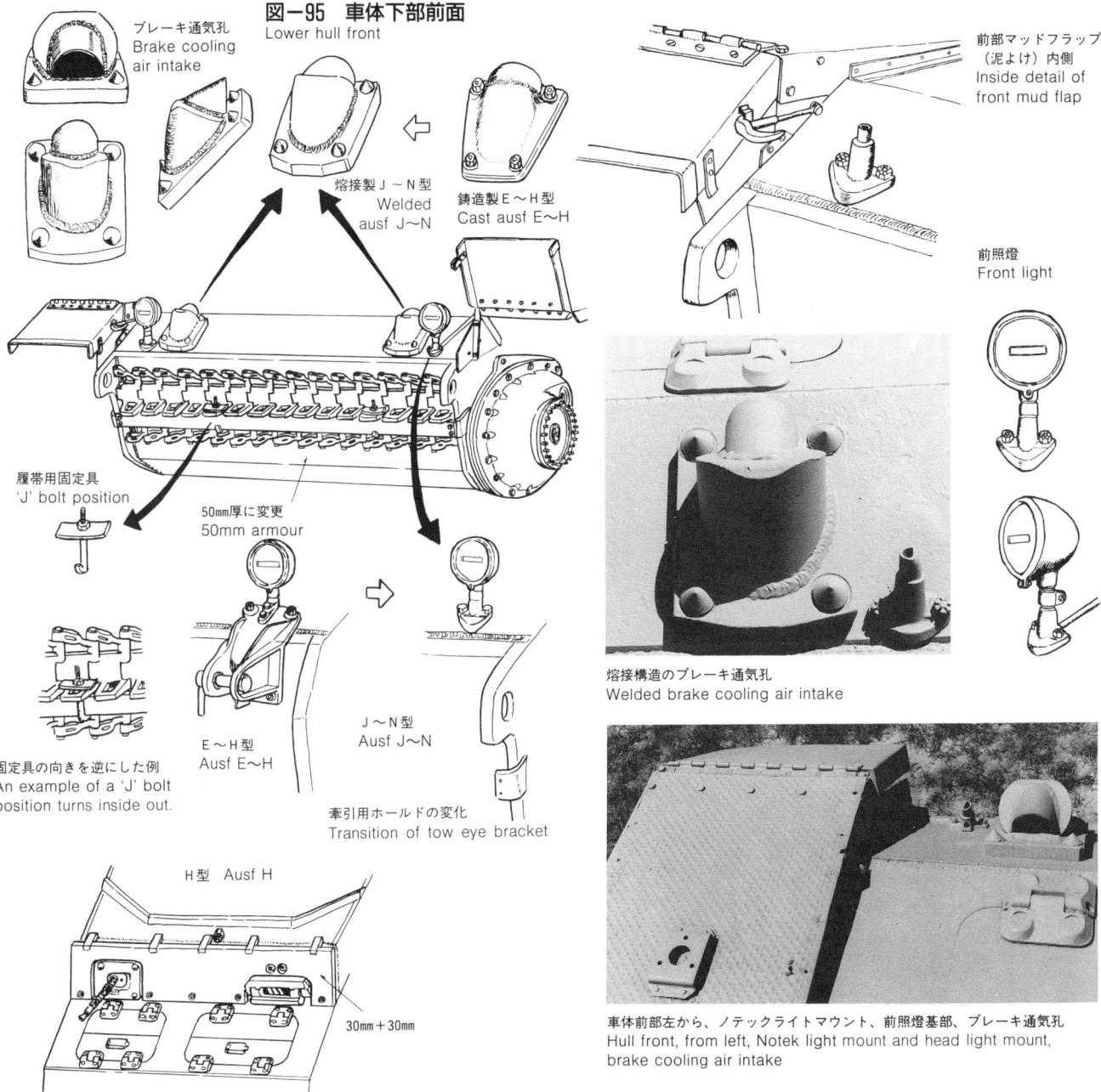

ブレーキ通気孔
Brake cooling
air intake

熔接製 J～N型
Welded
ausf J～N

鋳造製 E～H型
Cast ausf E～H

前部マッドフラップ
（泥よけ）内側
Inside detail of
front mud flap

前照燈
Front light

履帯用固定具
'J' bolt position

50mm厚に変更
50mm armour

E～H型
Ausf E～H

J～N型
Ausf J～N

固定具の向きを逆にした例
An example of a 'J' bolt
position turns inside out.

牽引用ホールドの変化
Transition of tow eye bracket

熔接構造のブレーキ通気孔
Welded brake cooling air intake

車体前部左から、ノテックライトマウント、前照燈基部、ブレーキ通気孔
Hull front, from left, Notek light mount and head light mount,
brake cooling air intake

H型　Ausf H

30mm＋30mm

新型車体機銃架
Newly designed machine
gun mantlet

J型
Ausf J

50mm厚に
変更
50mm
armour

新型クラッペ
Newly designed
driver's visor

ハッチが一枚になる
One piece hatch

## 図－96　車体上部前面の変化　Transition of glacis

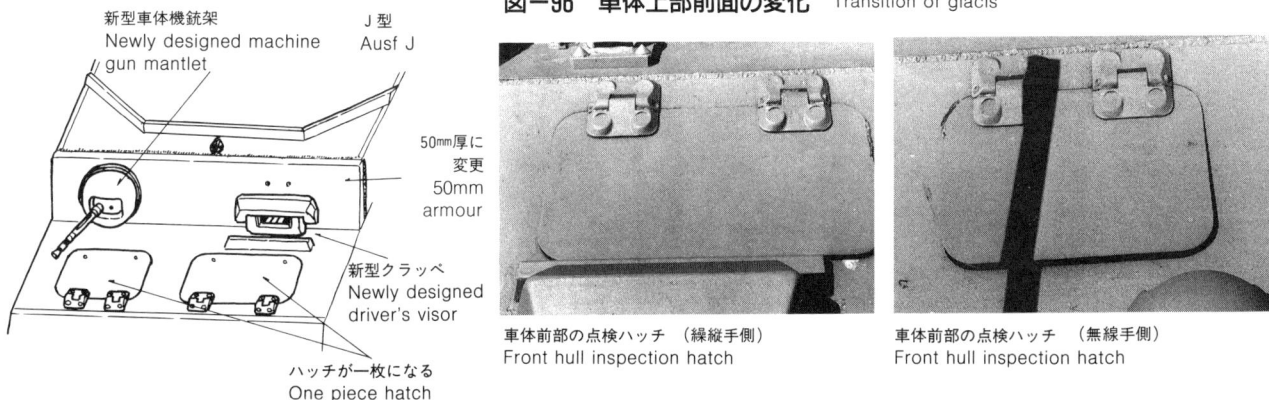

車体前部の点検ハッチ（繰縦手側）
Front hull inspection hatch

車体前部の点検ハッチ（無線手側）
Front hull inspection hatch

# Ⅲ号戦車
# J型

Panzer kampfwagen Ⅲ ausf J

写真提供／富岡吉勝

## J型について

　防御力の増強を図るため、基本装甲の増加を重点において車体を新設計したのがJ型です。主砲は当初、ヒトラーの命令により60口径の長砲身を搭載する予定でしたが、戦車の生産の遅れを心配した兵器局がその命令を無視したため、J型の初期生産車両は従来どおりの砲を装備していました。しかし1941年4月にその事実が判明し、同年12月から長砲身（60口径5cm砲）を搭載した車両が生産され、Ⅲ号戦車はようやくバランスのとれた戦車に成長しました。なお、短砲身を装備した初期型は1941年3月より1942年7月までに1,549両が生産され、後期型の一部では生産当初よりL型のような改修を受けています。

### 足まわり

外観としては大きな変化無し。

### 車体下部前面（図95）

　H型では基本装甲30mm厚に同じ30mm厚の増加装甲板をボルト留めしていたのに対し、J型からは50mm厚の基本装甲板に変更されています。

●ブレーキ通気孔カバー
　それまでの鋳造製から、J型より熔接製のものに変更されています。

●牽引用ホールド取付部
　側面板と一体となったものに変更され、ライトも独立しています。

●補助装甲用履帯ラック
　J型初期の途中から補助装甲を兼ねた予備履帯用ラックが常設されています。なお、履帯をラックに固定するため、Ⅳ号戦車にも見られた固定具が2コ使用されています。

### 車体上部前面（図96）

●装甲板の変化
　H型では30mm＋30mmの装甲であったものがJ型では50mm厚一枚となり、最後期型になると並行生産されたL型同様にその前に20mm厚のスペースド・アーマー（間隔式装甲）が取り付けられています。

31

●車体機銃及びマウント（図97）

　J型から装甲厚の変化に伴い、機銃及びその
マウントが変更されています。

●操縦手用前方視察クラッペ（図98）

　これも新型のものに変更されています。（とも
にⅣ号と同じもの）

●点検及び脱出用ハッチ（図96）

　J型からそれまでの両開き式から1枚式に変
更されています。なお、一部車両にはハッチに
把手が取り付けられています。

## 車体右側とOVM（図99～102）

●ワイヤーカッター

　J型初期まで左フェンダー上に装着されてい
ましたが、予備転輪の常設により、右フェンダ
ーの斧の内側に移っています。

●斧

　J型後期途中から後部に移っているようです。

●その他

　Ⅲ号戦車ではなぜかクリーニングロッドの装
備が一般的ではないようですが、一部にアンテ
ナケースに装着している例が確認できます。ま
た、スコップの下にハンマーを装着しているら
しいのですが、筆者の資料からはその金具さえ
も発見できませんでした。このハンマーはⅣ号
戦車では装備されていませんが、同じ車体のⅢ
突では確認できるので、装備されていても不思
議ではないのですが…。なお、ライト後方の工
具箱はヒンジが前になるように取り付けられて
いるのが一般的です。

## 車体左側面とOVM（図103～105）

●予備転輪

　J型後期から前述のとおり、予備転輪2コが
装着されています。Ⅳ号が補助装甲を兼ねてい
るのに対し、Ⅲ号の方は位置等から判断して、
予備の役割が大きいようです。なお、前部の転
輪は操縦手用側面クラッペの視界を妨げないよ
うに、そのラックはフェンダーステーぎりぎり
の位置に装着されています。

●ジャッキ台

　J型後期から予備転輪の装備によりジャッキ台
が履帯用工具箱の隣に移っています。この位置
にはそれまでS型シャックルが装着されていま
したが、シャックルが別の場所に移った様子も
なく、写真などからシャックルの上に装着され
ていると判断するのが妥当でしょう。

●その他

　J型後期からバール（金てこ）の装着方（金
具が2コから1コに）が変更し、バール自体も角
張ったものより丸型のもの方が、多く見られる
ようです。また、消火器もその頃から新型にな
っています。

## 機関室上面（図106～108）

●機関室点検ハッチ

図－97　車体機関銃架の変化
Transition of bow machine gun mantlet

前期型車体機関銃架　E～H型
Early machine gun mantlet
Ausf E～H

球型防盾30
Ball mantlet 30
(Kugelblend 30)

後期型車体機関銃架
Late machine gun mantlet
J～N型
Ausf J～N

球型防盾50
Ball mantlet 50
(Kugelblend 50)

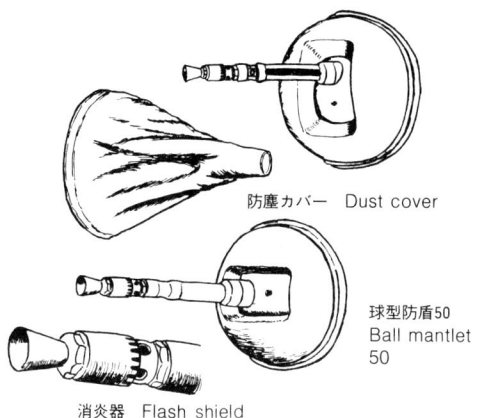

防塵カバー　Dust cover

球型防盾50
Ball mantlet 50

消炎器　Flash shield

図－99　右フェンダー（後期型）
Starboard fender (late)

始動用クランク
Starter crank

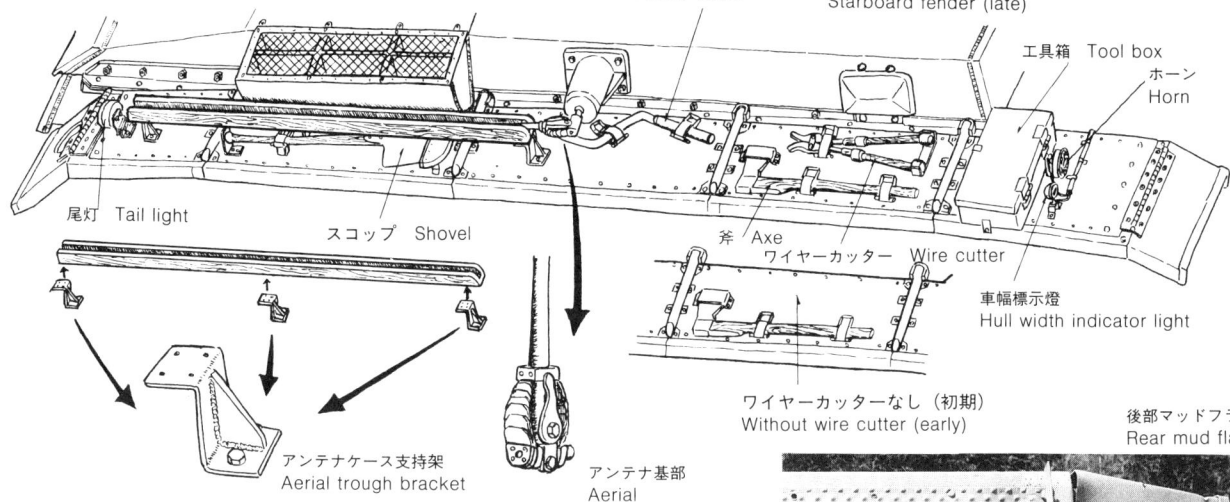

工具箱　Tool box

ホーン
Horn

尾灯　Tail light

スコップ　Shovel

斧　Axe
ワイヤーカッター　Wire cutter

車幅標示燈
Hull width indicator light

アンテナケース支持架
Aerial trough bracket

アンテナ基部
Aerial

ワイヤーカッターなし（初期）
Without wire cutter (early)

後部マッドフラップ
Rear mud flap

G～H型　Ausf G～H
操縦手用クラッペ30
Driver's visor 30
(Fahrersehklappe 30)

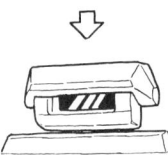

J～N型　Ausf J～N
操縦手前方視察クラッペ50
Driver's visor 50
(fahrersehklappe 50)

図－98
操縦手前方視察クラッペの変化
Transition of driver's visor

開　Open

閉　Close

跳弾板（クラッペ保護用）
Splash guard for visor

図－100
工具箱
Tool box

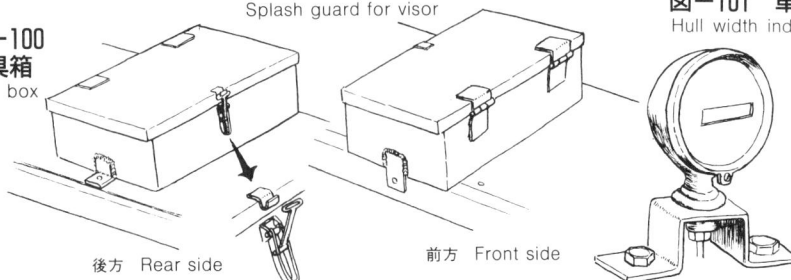

後方　Rear side

前方　Front side

図－101　車幅標示燈
Hull width indicator light

図－102　ホーン（警笛）
Horn

図－103 左フェンダー（後期型）
Port fender (late)

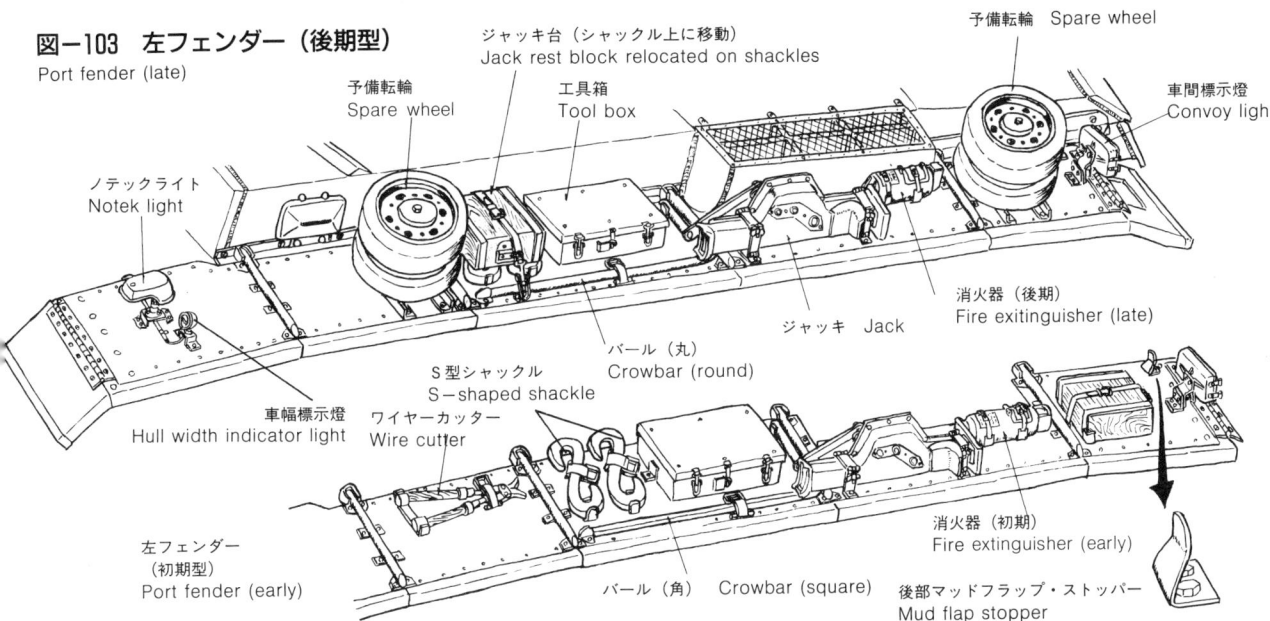

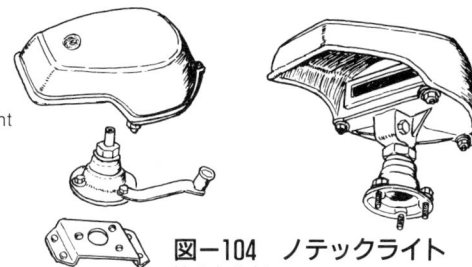

ジャッキ台（シャックル上に移動）
Jack rest block relocated on shackles

予備転輪 Spare wheel

予備転輪
Spare wheel

工具箱
Tool box

車間標示燈
Convoy light

ノテックライト
Notek light

図－104 ノテックライト
Notek light

消火器（後期）
Fire exitinguisher (late)

ジャッキ Jack

バール（丸）
Crowbar (round)

車幅標示燈
Hull width indicator light

S型シャックル
S-shaped shackle

ワイヤーカッター
Wire cutter

図－105
工具箱
Tool box

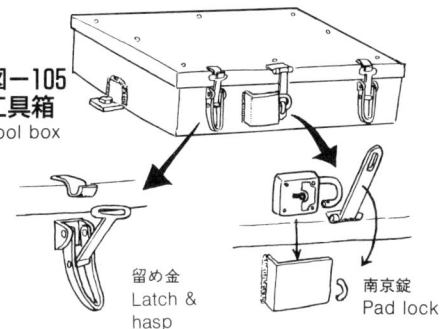

留め金
Latch &
hasp

南京錠
Pad lock

左フェンダー
（初期型）
Port fender (early)

バール（角） Crowbar (square)

消火器（初期）
Fire extinguisher (early)

後部マッドフラップ・ストッパー
Mud flap stopper

予備転輪と車間標示燈
Spare wheel and convoy light

後方から見た車間標示燈
Another view of convoy light

S型シャックル、バール、予備転輪の取り付け金具
Brackets for S-shaped shackle and crowbar,
spare wheel

消火器取り付け金具
Fire exitinguisher bracket

図－106
車体上面
（J型後期～N型）
Superstructure
(ausf J late ～N)

跳弾板（F～L型）
Splash guard Ausf F～L

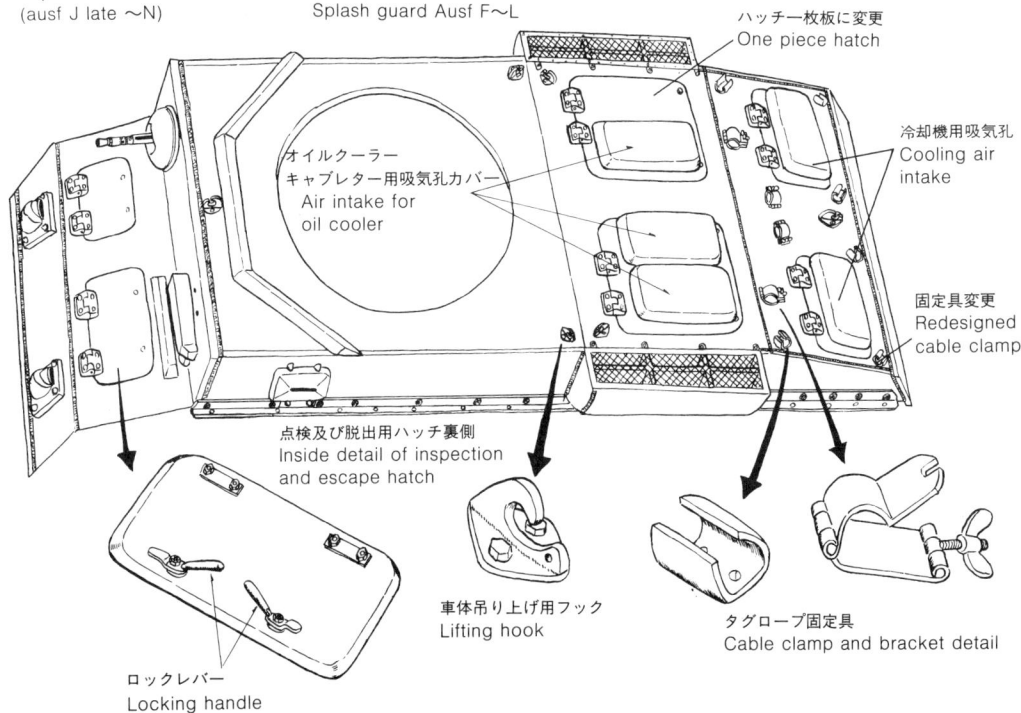

ハッチ一枚板に変更
One piece hatch

オイルクーラー
キャブレター用吸気孔カバー
Air intake for
oil cooler

冷却機用吸気孔
Cooling air
intake

固定具変更
Redesigned
cable clamp

点検及び脱出用ハッチ裏側
Inside detail of inspection
and escape hatch

吊り上げ用フック Lifting hook

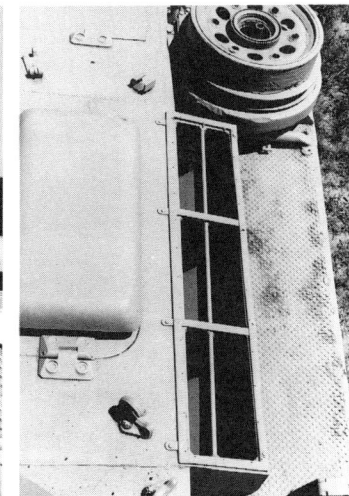

車体吊り上げ用フック
Lifting hook

タグロープ固定具
Cable clamp and bracket detail

吊り上げ用フック Lifting hook

吸気孔と吊り上げフック、タグロープ固定具
が見える
Air inlet and lifting hook, cable bracket
can be seen.

ロックレバー
Locking handle

33

J型から後部上面が後方に延長されましたが、点検ハッチはJ型初期ではまだH型と同じものです。もちろん東部戦線などでは吸気孔カバーの無い車両も多く確認できます。J型後期になると機関室点検ハッチはⅠ枚式となり、後方の冷却器点検ハッチが大型化しています。また、そのロック機構はボルト2本に簡略化されており、ハッチはエンジンの加熱を防ぐ為、半開きで固定できるようになっています。なお、機関室点検ハッチのヒンジはそれまでと同様に内側のものは砲塔との干渉を避けるために外側に寄っています。

●吸気孔カバー
　ハッチの変更とともに大型化し、丸みを帯びています。また、取り付けも8本のボルト留めに変わっています。

●タグロープ固定具
　J型後期からは固定具の一部が変更され、簡略化しています。なお、タグロープは2本が標準装備です。

## 車体後部（図109）

　後部上面（オーバーハング）部分がJ型から後方に延長され、装甲厚が30mmから50mmに増加しています。下部も30mm+30mmから50mm厚の一枚に変更しています。

●クランク差入口カバー（図110）
　後部の設計変更に伴い、このカバーも装甲の厚い回転式になっていまっす。また、このカバーはⅣ号戦車同様に冬季用のエンジン強制始動用アタッチメント（両端の突起部分）も兼ねています。

●発煙筒ラック
　後部にあった発煙筒がJ型では防弾のためオーバーハング内側に移っています。

## 砲塔前面（図111～114）

●前面装甲板
　H型まで30mm厚だったのがJ型からは50mm厚（L型から57mm厚に強化された）に変更されていますが、組合せ式のため、Ⅳ号同様、外部からは30mm厚に見えます。

●防盾部分
　装甲厚が37mmからJ型から50mmに増加し、その基部も若干の変更がされています。

●防盾前部クラッペ
　防盾の変更に伴い、クラッペの形状、大きさ、装甲厚が変化しています。

●主　砲
　1941年12月生産分より、長砲身60口径5cm戦車砲が搭載されています。なお、行軍中は砲を最大仰角でロックしておく事は常識なので覚えておいても損は無いと思います。

●防盾用スペースドアーマー
　1942年6月頃からJ型（初期含む）にもL型同様取り付けられました。

図ー107　吸気孔カバーの変化
Transition of air intake protector

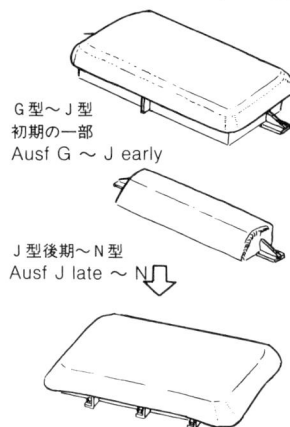

G型～J型初期の一部
Ausf G ～ J early

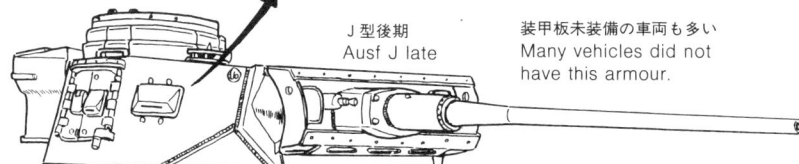

J型後期～N型
Ausf J late ～ N

J型初期
Ausf J early

機関室点検ハッチ
Engine access door

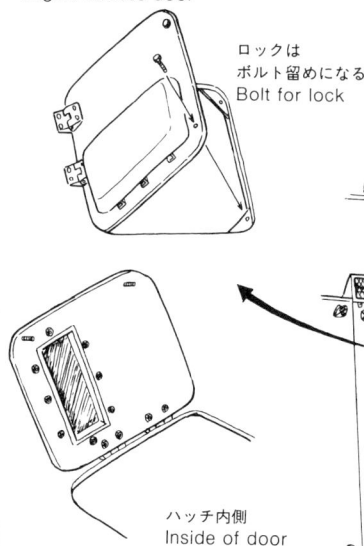

ロックはボルト留めになる
Bolt for lock

ハッチ内側
Inside of door

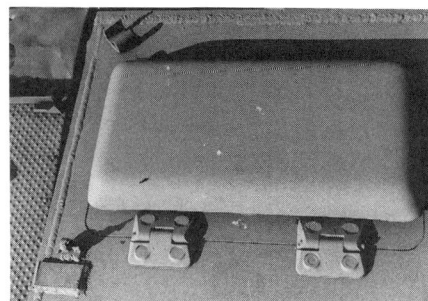

後期型吸気孔カバー
late air intake protector

図ー108　機関室上面の変化
Transition of engine deck

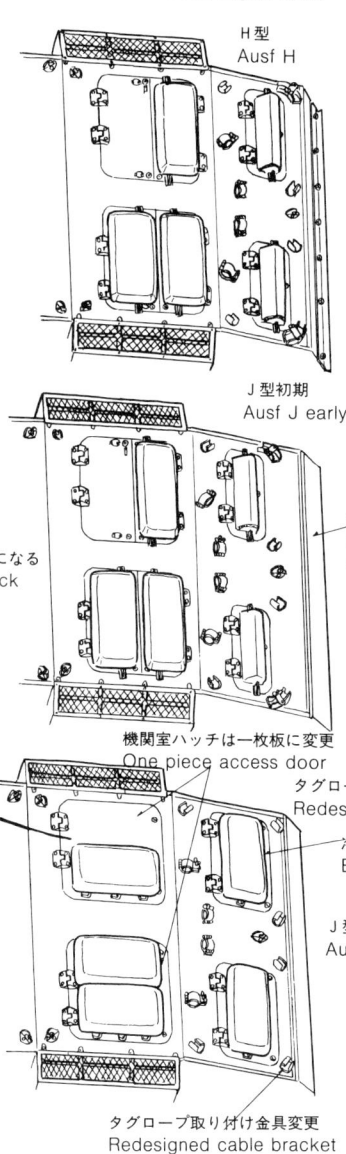

H型
Ausf H

後方に延長
Extended to rear

機関室ハッチは一枚板に変更
One piece access door

タグロープ取り付け金具変更
Redesigned cable bracket

冷却器点検ハッチ大型化
Enlarged radiator access hatch

J型一部～L型
Ausf J ～ L (some N)

タグロープ取り付け金具変更
Redesigned cable bracket

図ー109　車体後部の変化
Transition of tail

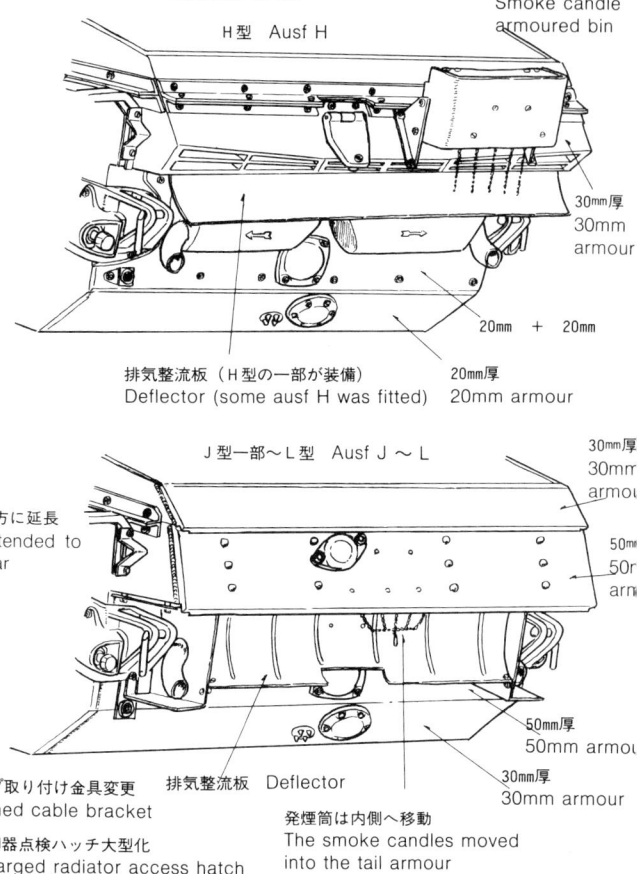

H型　Ausf H

装甲発煙筒ラック
Smoke candle armoured bin

30mm厚
30mm armour

20mm ＋ 20mm

20mm厚
20mm armour

排気整流板（H型の一部が装備）
Deflector (some ausf H was fitted)

J型一部～L型　Ausf J ～ L

30mm厚
30mm armour

50mm厚
50mm armour

50mm厚
50mm armour

30mm厚
30mm armour

排気整流板　Deflector

発煙筒は内側へ移動
The smoke candles moved into the tail armour

図ー110　クランク差し込み口カバーの変化
Transition of crank port cover

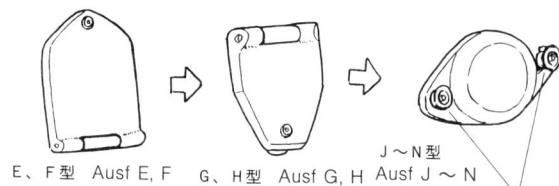

E、F型　Ausf E, F

G、H型　Ausf G, H

J～N型
Ausf J ～ N

エンジン始動機用アタッチメント
Starter devise attachment

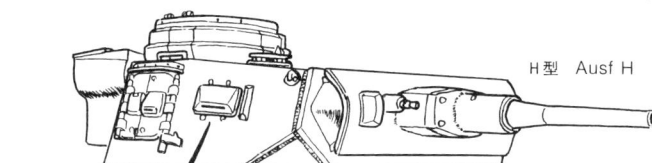

H型　Ausf H

E～J型初期一部
Ausf E ～ J early

右側面クラッペの変化
Transition of starboard visor

J型
Ausf J

J型後期
Ausf J late

図ー114
砲塔前面及び右側面
Turret front and starboard

装甲板未装備の車両も多い
Many vehicles did not have this armour.

## 図－111 砲塔左側（後期型）
Turret port (late)

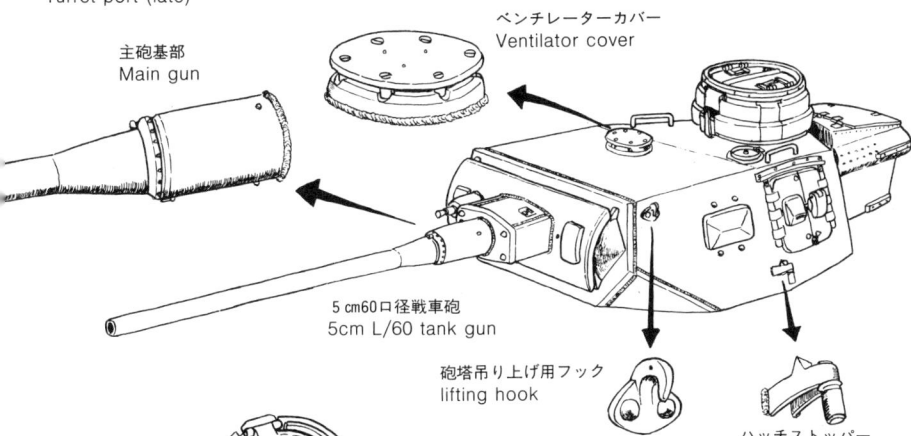

主砲基部
Main gun

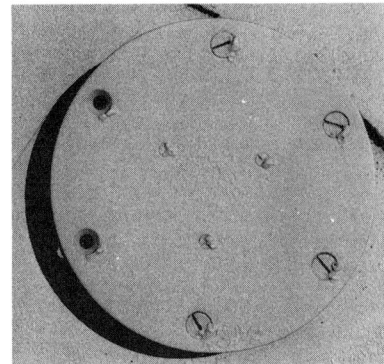

ベンチレーターカバー
Ventilator cover

5cm60口径戦車砲
5cm L/60 tank gun

砲塔吊り上げ用フック
lifting hook

ハッチストッパー
Hatch stopper

シグナルポート
Signal port

## 図－112
砲塔右側面（初期型）
Turret starboard (early)

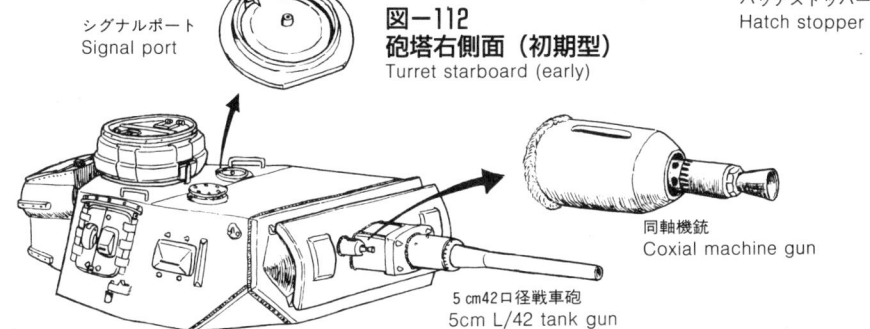

同軸機銃
Coxial machine gun

5cm42口径戦車砲
5cm L/42 tank gun

## 図－113
砲塔前面及び左側面
Turret front and port

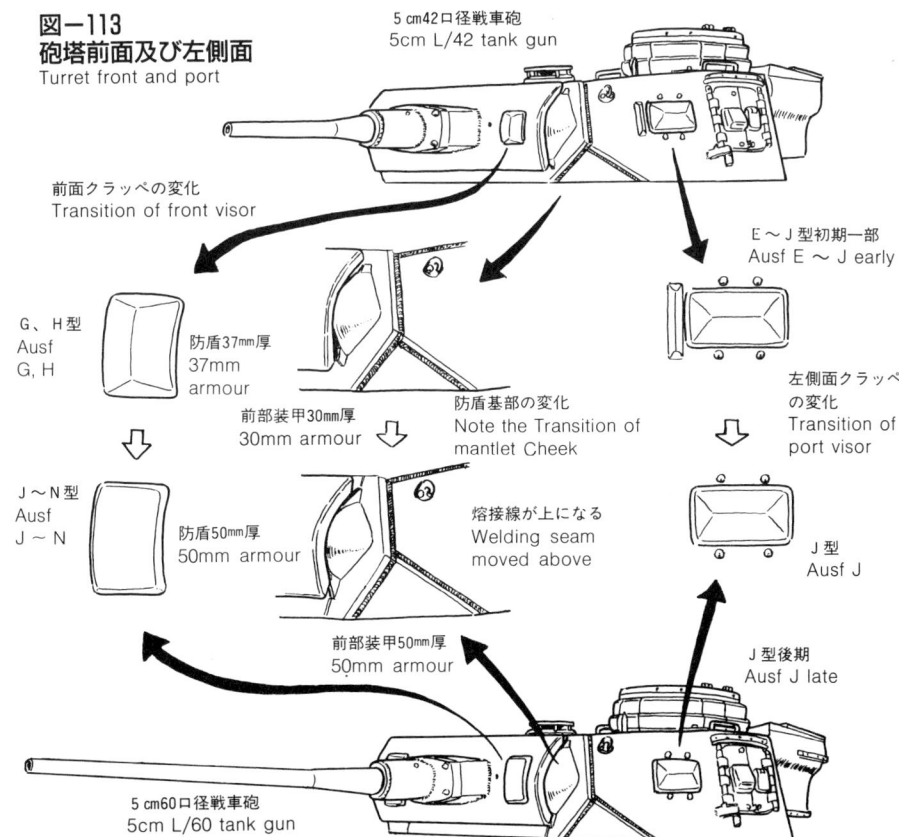

5cm42口径戦車砲
5cm L/42 tank gun

前面クラッペの変化
Transition of front visor

E～J型初期一部
Ausf E ～ J early

G、H型
Ausf
G, H

防盾37mm厚
37mm
armour

前部装甲30mm厚
30mm armour

防盾基部の変化
Note the Transition of
mantlet Cheek

左側面クラッペ
の変化
Transition of
port visor

J～N型
Ausf
J ～ N

防盾50mm厚
50mm armour

熔接線が上になる
Welding seam
moved above

J型
Ausf J

前部装甲50mm厚
50mm armour

J型後期
Ausf J late

5cm60口径戦車砲
5cm L/60 tank gun

主砲基部  Main gun

ベンチレーターカバー  Ventilator cover

ハッチストッパー  Hatch stopper

ハッチストッパー  Hatch stopper

後期型前面クラッペ、左側の穴は照準穴
Late front visor and sighting port

後期型前面クラッペ  Late front visor

砲塔側面の熔接線に注意
Note the welding seam of turret.

## 砲塔側面（図111～114）

●熔接構造（図113）
　前面装甲厚の変更により、三角部分の熔接構造に変化が見られます。

●側面クラッペ
　J型初期一部まで、クラッペの前方に三角の跳弾板が付いていましたが、途中から廃止され、J型最後期ではクラッペ自体も廃止されています。（L型極初期にはあるようです）これは、「パンツァー・フォー」（大日本絵画刊）の中でも度々登場するソ連軍の対戦車銃の脅威に対処するための処置です。

## 砲塔後部（図115）

●ピストルポートカバー

Ⅳ号同様、イラストのとおり、左右同じ向きに取り付けられています（折込裏の写真参照）。

●ゲペックカステン

J型初期途中からアンテナ絶縁用の木片が取り付けられています。

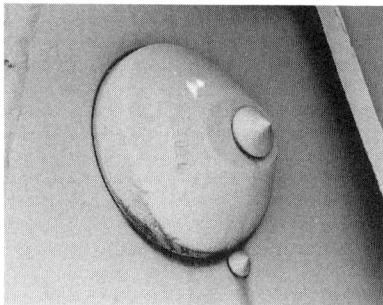

## 図－115　砲塔後部とゲペックカステン（雑具箱）
Turret rear and stowage bin

J～N型
Ausf J ～ N

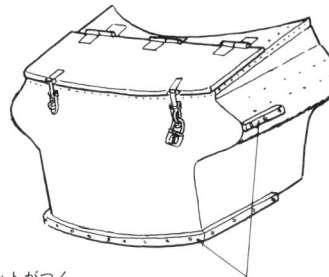

砲塔旋回の際、アンテナがゲペックカステンに接触して電波障害を起こす
Aerial will not work if it touches bare metal.

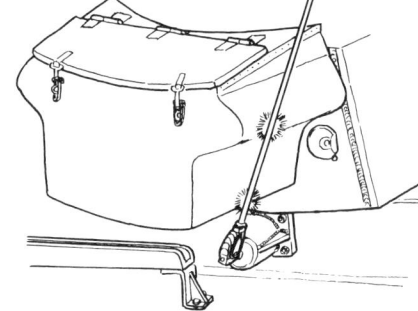

リベットがつく
Conical rivet

ピストルポート装甲カバー
（左右とも同じ向きにつく）
Pistol port armoured cover
(same both side)

絶縁用木片追加
Isolation wood strip

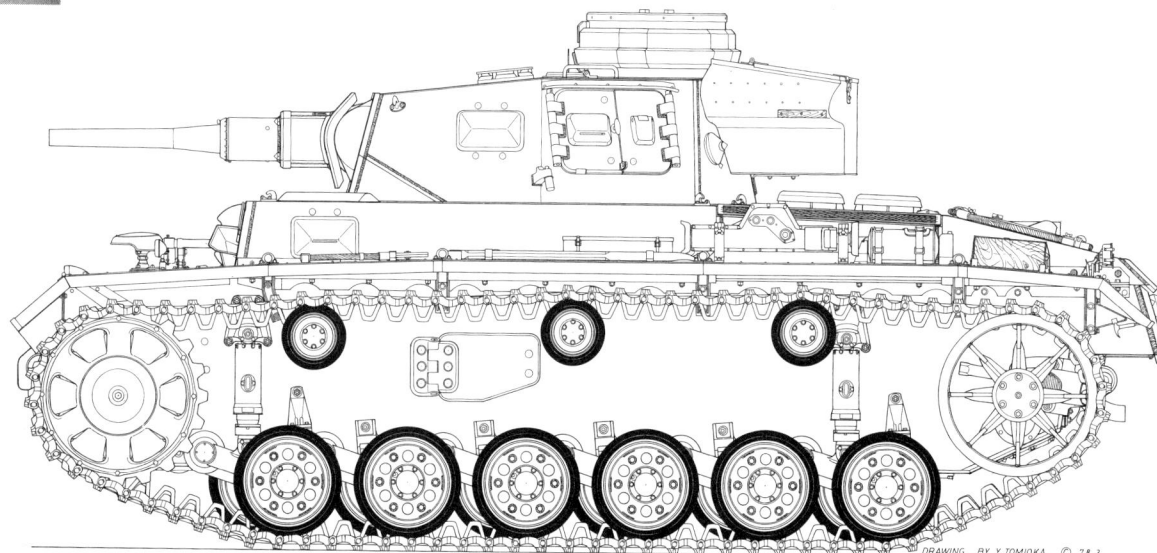

ピストルポート装甲カバー
Pistol port armoured cover

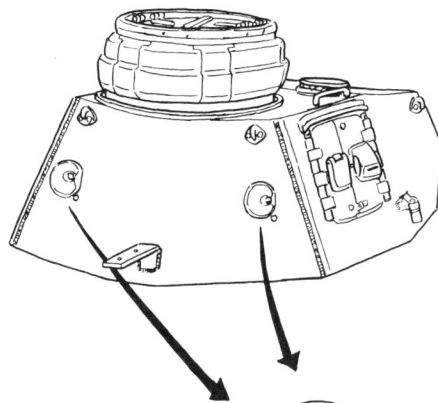

# Ⅲ号戦車J型

1/35 作図／富岡吉勝

Pzkfpw Ⅲ Ausf J

1:35scale

drawn by Yoshikatsu Tomioka

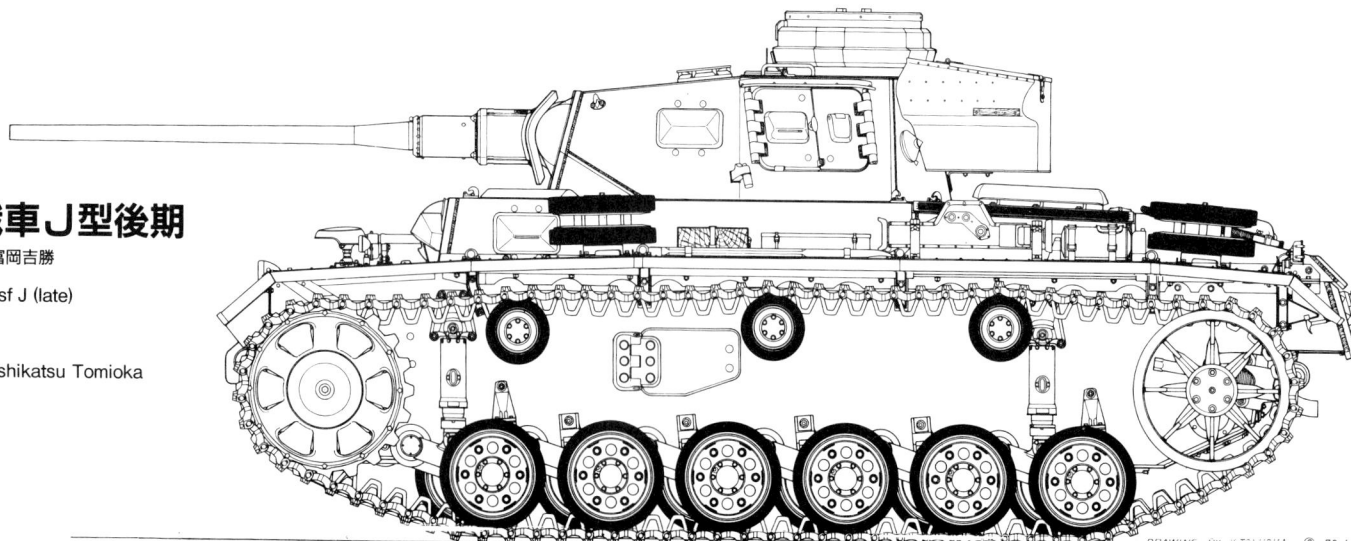

DRAWING BY Y.TOMIOKA © 78.3

# Ⅲ号戦車J型後期

1/35 作図／富岡吉勝

Pzkfpw Ⅲ Ausf J (late)

1:35scale

drawn by Yoshikatsu Tomioka

DRAWING BY Y.TOMIOKA © 79.4

36

砲塔砲手位置の天井、車内燈や照準器スイングアーム、砲のトラベルクランプなどが見える
Turret ceiling of gunner's position, board light, sight swing arm and internal gun crutch.

砲塔ベンチレーターとそのスイッチ
Turret ventilator

コマンダーズ・キューポラ（司令塔）
Commander's cupola

車長位置、蓋が開いているのは信号弾ケース
Commander's position, note the signal pistol-round stowage.

砲塔側面ハッチ
Turret side hatch

車長位置、手前にピストルポート開閉レバーが見える
Commander's position, the pistol port handle can be seen in the right hand side.

砲手位置から見た操縦手シート
Driver's seat view from gunner's position.

操縦手席
Driver's position

装填手用の砲塔旋回補助ハンドルが砲の向こうに見える
The loader's auxiliary turret traverse handwheel in the back ground.

エンジン隔壁
Intermediate bulkhead

砲手用のステップ（左）と車長用ステップ
Gunner's position

変速機と無線手位置
Transmission and radio operator's position

装填手位置
Loader's position

射戦車、放射ノズルに注意
thrower turret

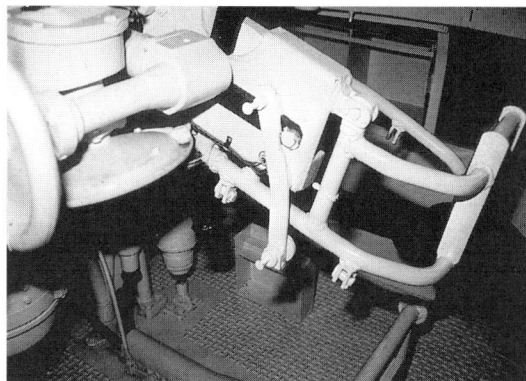
火焔放射戦車の砲尾と操作ハンドル
Flame thrower operating hand wheels

火焔放射戦車の砲塔内部
Flame thrower tank turret interior

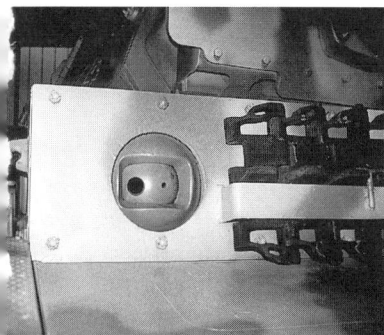
部機銃マウント
machine gun mantlet

前方から見た火焔放射戦車
Front view of flame thrower tank

火焔放射戦車の砲塔後部
Rear view of flame thrower turret

ピストルポート装甲カバーの向きに注意
Note the pistol port armoured cover.

ナ基部とアンテナケース支持架（左）
base and aerial trough bracket(left)

車長ハッチ
Commander's hatches

火焔放射戦車の砲塔上部
Top view of flame thrower turret

ナ基部
base

司令塔装甲シャッター
Armour protector of Commander's cupola

ゲペックカステンのクローズアップ
Close up detail of stowage bin

上から見た砲塔側面ハッチ
Top view of turret side hatch

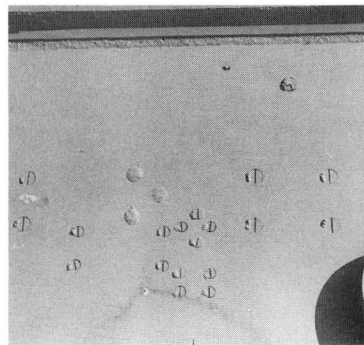

砲塔上部、マイナスネジの頭に注意
Roof of turret, note the screw heads.

砲塔上部、マイナスネジの頭に注意
Roof of turret, note the screw heads.

火焔放
Flame

ゲペックカステンが固定吊り上げフック
のネジで固定されていることがわかる
This photo shows stowage bin has
fixed with screws of lifting hook.

砲塔側面ハッチ
Turret side hatch

同軸機銃の装甲スリーブ
Armoured protector of coaxial
machine gun

操縦手用クラッペ
Driver's visor

車体前
Bow

車体前部
Lower hull front

上部転輪
Upper return roller

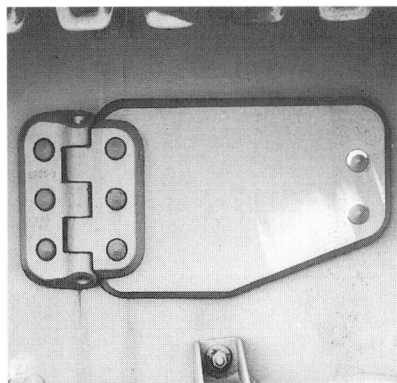

車体側面脱出ハッチ
Hull side escape hatch

予備転輪と車間標示燈（右）
Spare wheel and convoy light(right)

アンテ
Aeria

起動輪と転輪
Drive sprocket and road wheel

転輪
Road wheel

サスペンションと緩衝器
Suspension and Shock absober

予備転輪
Spare wheel

アンテ
Aeria

上から、5 センチ42口径砲、5 センチ60口径砲、7.5センチ24口径砲
From above to below, 5cm L/42,5cm L/60 and 7.5cm L/24gun.

上から、5 センチ42口径砲、5 センチ60口径砲、7.5センチ24口径砲の閉鎖器
From above to below, breech of 5 cm L/42,5cm L/60 and 7.5cm L/24.

5 センチ60口径砲の閉鎖器
Gun breech of 5cm L/60.

車間標示燈のマウント
Convoy light-mount

照準器用のスイングアーム
Sight swing arm

車体前部の点検ハッチを開いたところ
Opening inspection hatch of front hull

5 センチ60口径戦車砲の砲尾
5cm L/60 tank gun

車体前面の増加装甲板からH型と分かる。1942年、
東部戦線における第1戦車師団所属車両で、スタ
ックしたため、木材などを履帯の下に敷き、自力
脱出を図っているところ。
Ausf H of lst Panzer Division in Russia
1942.

38頁で牽引されていたフィンランドでのJ型初期
のアップ。牽引用ホールドはJ型から車体側面と
一体となったものに簡略化されている。牽引する
場合はこのホールドとタグローブを接続するため
には写真のようにS型シャックルで繋ぐ。
Ausf J of z.b.v.40.in northern Finland 1942
autumn.

1941年秋、フィンランドのラップランド地方の第40特別編成戦車大隊所属車両で同大隊には後に量産型のⅢ号戦車も配備され、写真ではH型とJ型初期が確認できる。H型は戦訓により応急的に防御力を強化したものだが、それでも不安があるため、防弾用に予備履帯を取り付けている。なお、予備履帯は約10mm厚の装甲板に匹敵するという。
Ausf H of Panzer battalion z.b.v.40 in northern Finland 1941 autumn.

これも同じ時期のフィンランドで、キエスティンキ川を渡河中にスタックしたJ型初期を牽引しているH型。よく見ると起動輪と誘導輪は旧型のものを付けているが、履帯は40mm幅の初期タイプのものを装着している。
Ausf H and ausf J (early) of z.b.v.40. The ausf J was being pulled from a river at Kiestinki.

車体後部の形状からH型と分かる。写真のよ
うにゲペックカステンを装備していないH型
はよく確認される。これも同時期のフィンラン
ド北部アハベンラハティ街道でフィンラン
ド兵との合同訓練を撮影したもの。なお、こ
の大隊は1942年12月、新編成の第25戦車師団
の第9戦車連隊第2大隊に改編された。

Ausf H of z.b.v.40.in northern Finland
1941/42 winter. This vehicle was tak-
ing part in joint traning with Finnish
infantrymen at Ahvenlahti.

車体の一部から型式を識別するのは困難だが、
いくつかのヒントから判断できるものだ。ま
ず、起動輪からH型以降と見当がつくが、砲
塔下側の三角部分の熔接構造からJ型以降と
分かる。そして砲身と車体下部側面の脱出ハ
ッチからJ型初期と判明。なお、これもフィ
ンランドでの一連の写真の1枚。

Ausf J early model in Finland. Note the
weld seam of lower turret.It indicates
this vehicle is an ausf J.

1942年から1943年の冬季、東部戦線中央戦区の第5または第9戦車師団所属と思われるオストケッテ（東方用履帯）を履いたJ型初期。予備履帯までオストケッテを取り付けているのが、何とも仰々しい。また、履帯の一部にハの字型の防滑具を装着している点など、いろいろと冬季装備の参考になる。
Ausf J early of 5th (or 9th) Panzer division in Russian 1942/43 winter. Note the Ostketten and ice cleat on the track.

1941年6～7月、東部戦線中央戦区の第10戦車師団第7戦車連隊第7中隊所属のJ型初期。Ⅲ号戦車はこのJ型より前面装甲は50mm厚となり、車体機銃架や操縦手用前方視察クラッペも新型のものになり、前照燈横のブレーキ通気孔カバーも熔接製に変わる。なお、この車両は主砲に防塵カバーを装着している。

Ausf J (early) of 7th company, 7th Panzer regiment, 10th Panzer division in Russia June～July 1941.

1942年夏、「ブラウ作戦」でスターリングラートを目指す第24戦車師団第24戦車連隊（泥よけに師団マーク）のJ型後期。写真では各クラッペが全て開放状態となっているが、これらも防御上の理由から次々廃止されていく運命にある。

Ausf J (late) of 24th Panzer regiment, 24th Panzer division (note the divisional insignia on the front mud flap) in Russia 1942 summer.

41

# Ⅲ号戦車L型 1/35　作図／富岡吉勝

Pzkfpw Ⅲ ausf L 1:35scale drawn by Yoshikatsu Tomioka

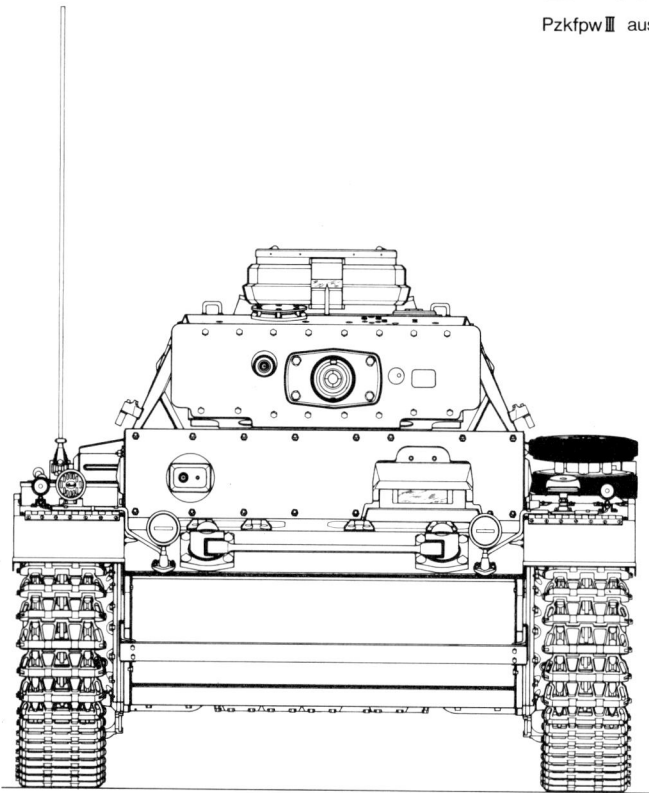

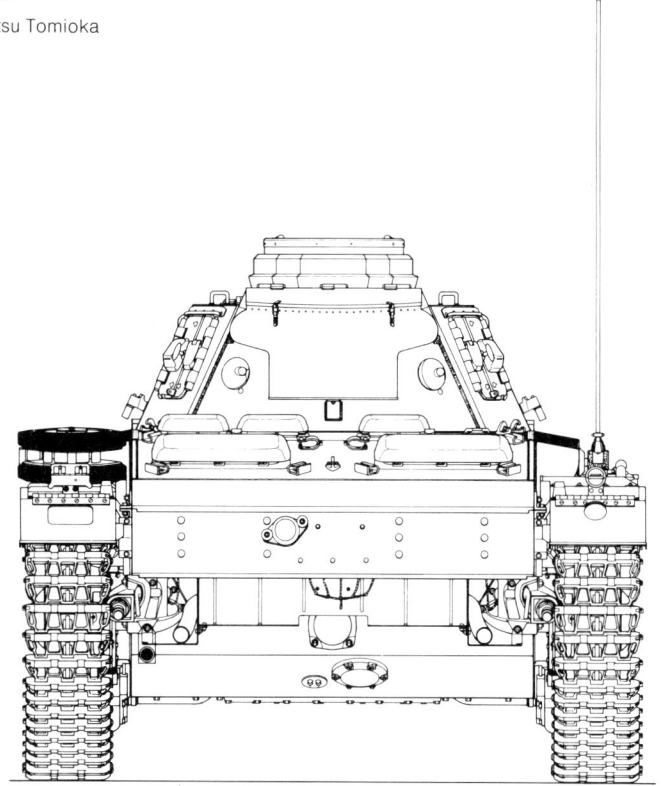

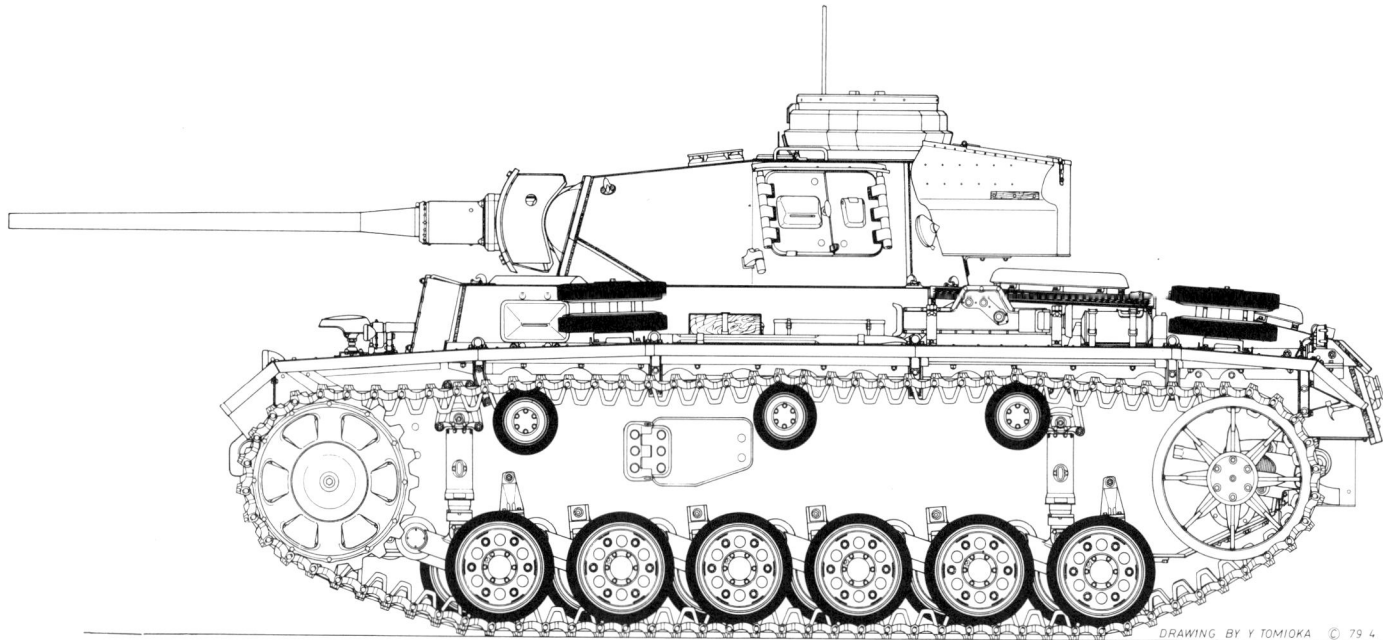

DRAWING BY Y TOMIOKA © 79.4

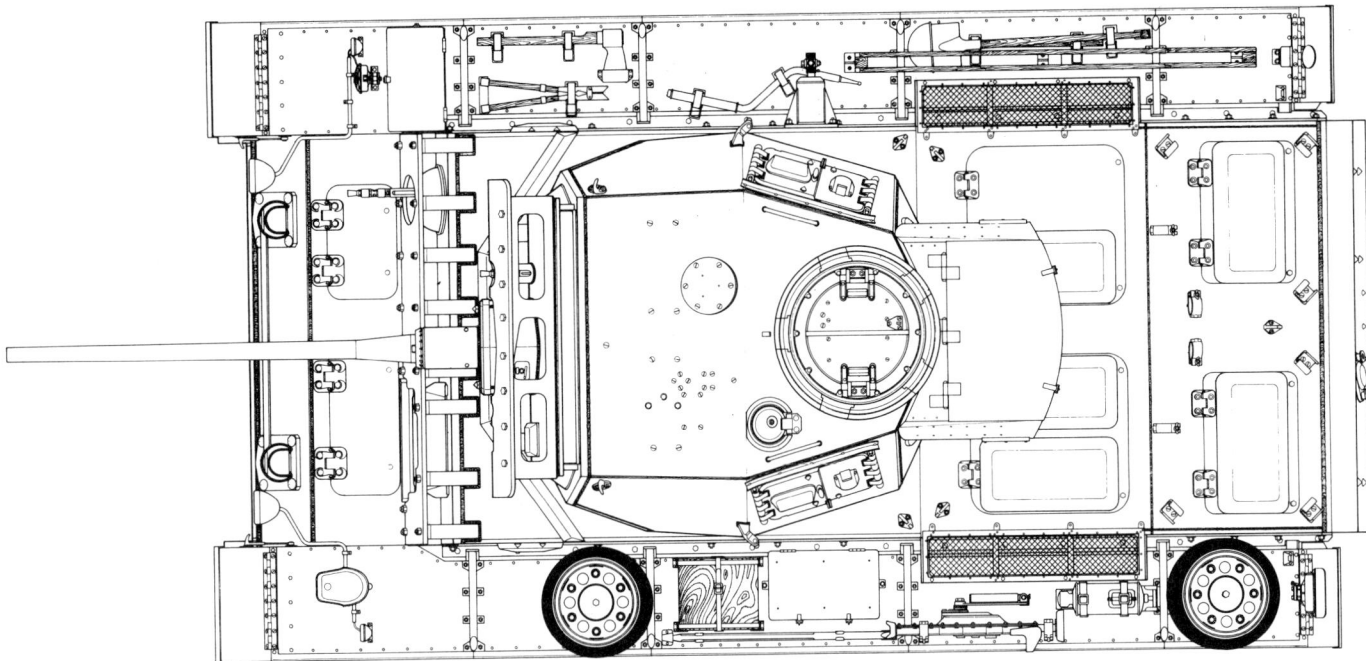

1942年夏、東部戦線南部戦区、「ブラウ作戦」時の第16戦車師団第2戦車連隊所属のJ型後期。III号戦車は5cm砲を60口径に換装したことにより、ようやくT－34を約600mの距離で撃破することが可能となる。しかし、この距離では当然やられる確率も高くなり、写真のように予備履帯で身を守る手段が採用された。
An ausf J (Late) model of 2nd Panzer regiment 16th Panzer division on the Russian front 1942 summer. This model was upgunning with 5cm L/60.

# III号戦車 L型

Panzerkampfwagen III ausf L

## L型について

　J型の防御力の増強を図ったもので車体前部及び砲塔防盾前部にスペースド・アーマー（間隔式装甲）を装着し砲塔前面装甲を57mmに増加するとともに、狙われ易い砲塔両側面及び防盾右側のクラッペを廃止しています。またⅣ号G型が装備していた冷却水交換装置がL型から装備され、J，L型の一部には北アフリカ向けの熱帯地仕様（TP仕様）も製造されています。L型は1942年の6月から12月までに653両が生産されましたが、J型後期やM型と並行生産されたL型はその識別が困難となっています。

### 足まわり

外観としては大きな変化無し

### 車体下部側面

●脱出ハッチ

　L型後期より生産性の向上を図るため、廃止されています。

### 車体下部前面

J型と同じ

### 車体上部前面

●スペースド・アーマー

　前面装甲部の前に20mm厚のスペースド・アーマー（間隔式装甲）が取り付けられています。

### 車体上面

●スプラッシュ・ガード（図117）

　L型から跳弾板（スプラッシュ・ガード）が廃止されています。これは、L型から車体前面に装着された大きめのスペースド・アーマーが防弾の役割を兼ねるためだと思われます。

### 右フェンダーのOVM類（図118）

J型後期一部と同じ

図-116
スペースドアーマーの取り付け
Spaced armour

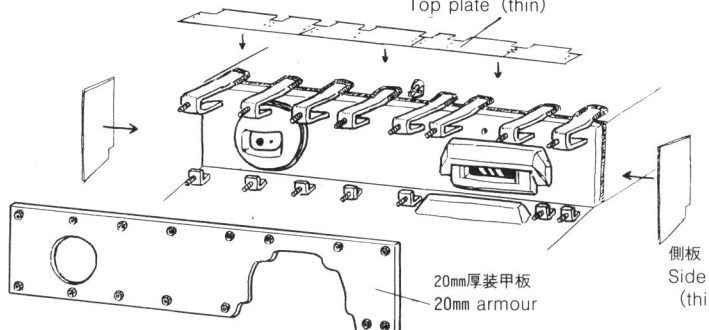

20mm厚装甲板
20mm armour

側板（薄板）
Side plate
(thin)

上面板（薄板）取り付けていない車両や、一部しかつけていない車両もある
Top plate (thin)

跳弾板廃止
Turret splash guard deleted

図-117
車体上面
Hull front

J型一部〜N型
Ausf.J late type〜ausf.N

20mm装甲板
20mm armour

ハッチに把手のついた車両もある
Some vehicles have the grab handles on the hatch.

側面板が失われていることに注意
Note the side plate is missing.

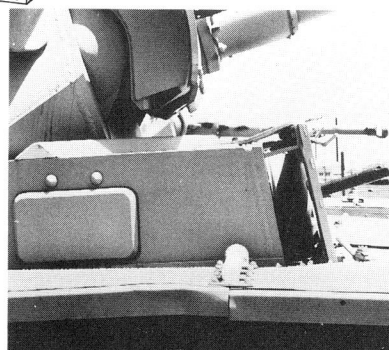

同じく側面の薄板がなくなっている
The side plate is missing.

天板もなくなっている
The top plate is missing also.

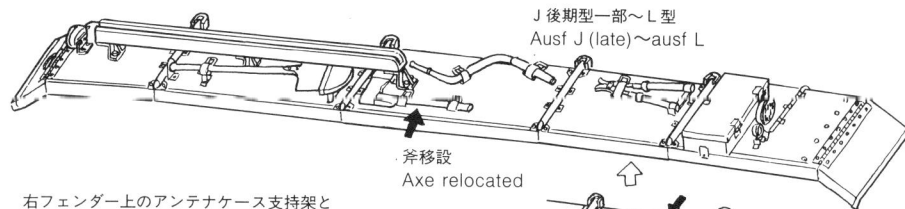

右フェンダー上のアンテナケース支持架とスコップの留め金
Shovel and aerial trough brackets on starboard fender.

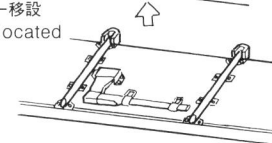

J後期型一部〜L型
Ausf J (late)〜ausf L

斧移設
Axe relocated

ワイヤーカッター移設
Wire cutter relocated

J型後期
Ausf J (late)

E〜J型初期
Ausf E〜L (early)

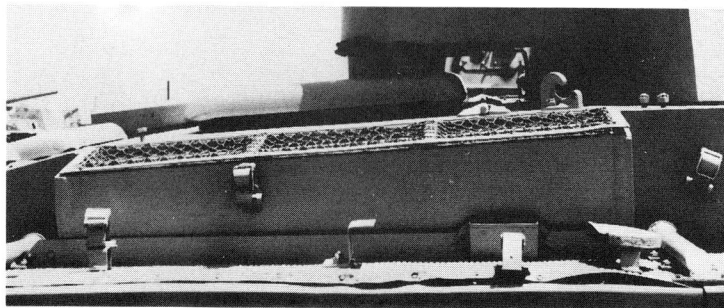

図-118　右フェンダー
Starboard

## 図-119 左フェンダー
Port fender

予備転輪常設
Spare wheel

新型消火器
Newly designed
fire extinguisher

予備転輪常設
spare wheel

J後期型〜L型
Ausf J (late) 〜susf L

取付金具1個になる
Single clamp

旧型消火器
Early fire extinguisher

H型〜J型初期
Ausf H 〜ausf J (early)

ワイヤーカッター Wire cutter

取り付け金具2個
Double clamps

### 車体後部（図120）

**整風板（デフレクター）**

L型からマフラーのところに鉄板が標準装備されています。これは、エンジンの冷却気を排出する際、砂塵をまき上げるのを防ぐための整風板とマフラーの防熱板を兼ねたものです。なおJ型の一部でもこれは確認できますしH型でも形状は異なりますが、同様の役目を持つ整風板を取り付けた車両があります。これ自体は薄いものなので実戦ではすぐグシャグシャになったようで、下の写真でもそれが確認できます。なお、オーバーハング下面の冷却気排出用開口部は異物の侵入を防ぐため、網で覆われています。

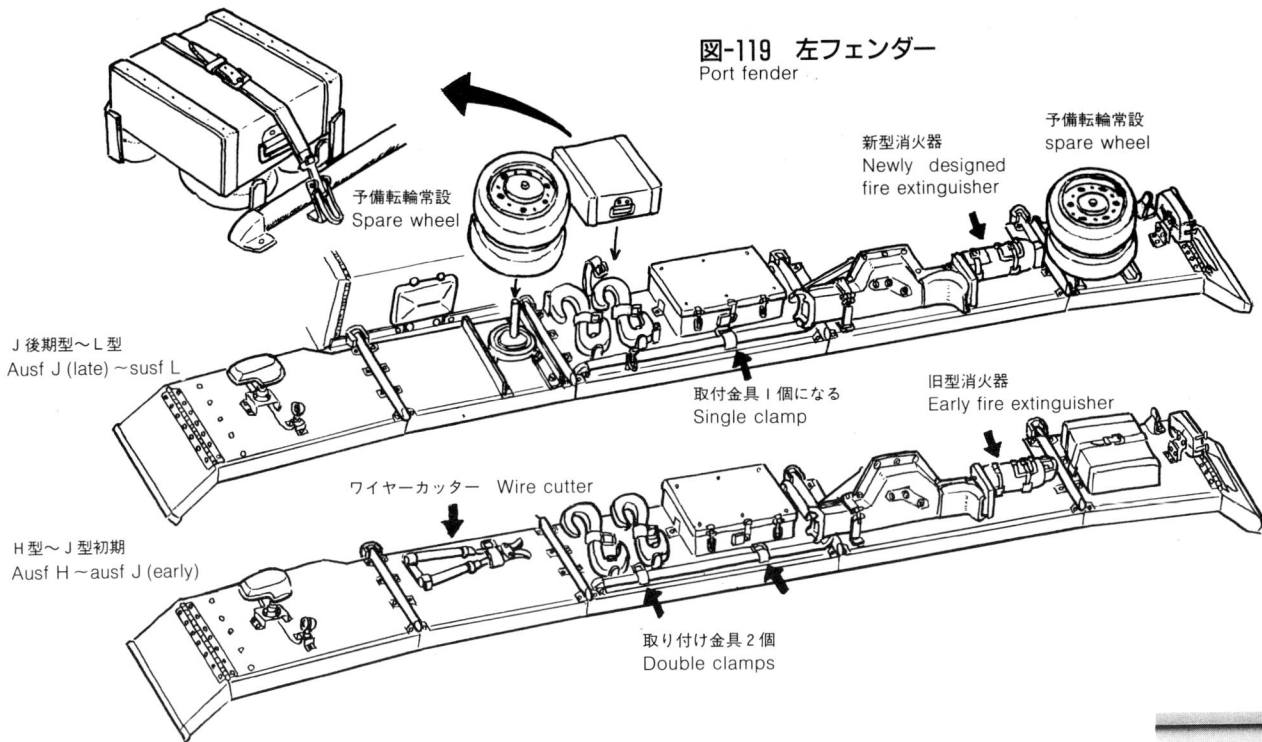

## 図-120 車体後部
Tail of hull

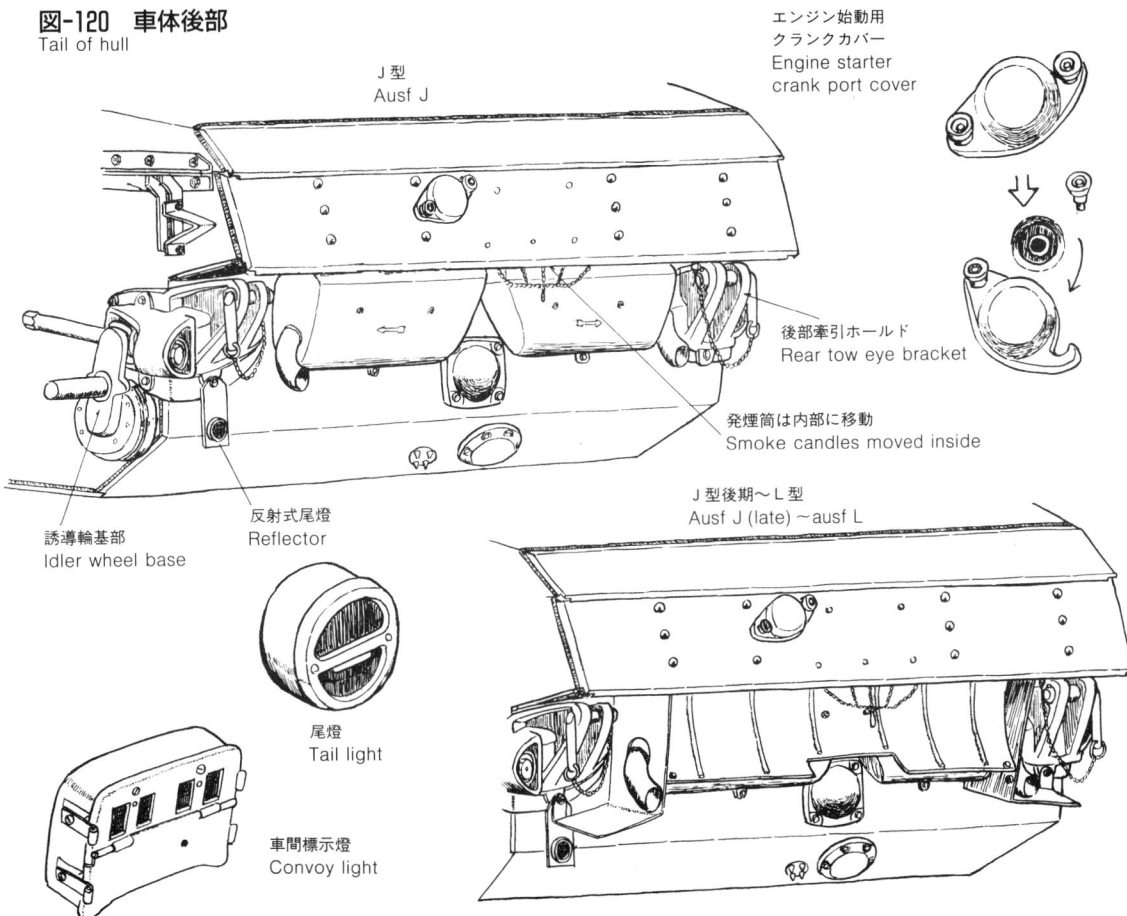

J型
Ausf J

エンジン始動用
クランクカバー
Engine starter
crank port cover

後部牽引ホールド
Rear tow eye bracket

発煙筒は内部に移動
Smoke candles moved inside

誘導輪基部
Idler wheel base

反射式尾燈
Reflector

尾燈
Tail light

車間標示燈
Convoy light

J型後期〜L型
Ausf J (late) 〜ausf L

車体後部整風板と牽引ホールドが変形してしまっている
Deflector and tow eye bracket have been bent.

車体底部の円形パネルの蓋が失われているのに注意
Note the circular covers of bottom plates are
missing.

## 砲塔前面（図121）

### ●前面クラッペ（図122）

L型初期から右側の装填手用のものが廃止されています。（極初期除く）

### ●防盾用スペースドアーマー（図123）

L型から車体前面と同様に標準装備され、1942年6月頃からJ型にも遡って取り付けられましたが、細部に違いが見られます。まず、J型初期の一部に装着された装甲板を除き、下部両端に切り欠きがある点です。これは、機関室点検ハッチに付く通気孔カバーが変更されて、高さが高くなった為、砲塔旋回の際に干渉を避けるための処置と思われます。次にL型から装甲板の右側のクラッペ用の四角い穴が廃止されている点です。これは前述のとおり右側の装填手用前面クラッペが廃止されたことにより、装甲板の右側の穴が不用になったからです。ところで、この増加装甲板を未装備の車両が多く確認できますが、品不足が原因のようです。

## 砲塔上面

### ●対空機銃架（図124）

L型の写真で有名なものに、簡易な機銃架を取り付けた車両があります。この機銃架は単に板状のものをキューポラ上部の雨水排水用の穴を利用してボルト留めしたものです。あとはこれに機銃の2脚を折りたたんでこの機銃架に差し込んで（2脚の両側にある突起の部分まで差し込む）ボルトで固定し、機銃を取り付けるだけです。2脚の機銃への取付位置はMG34の場合は前後2ケ所選択できますが、この場合は後方の位置に取り付けられています。これは銃口近くの位置よりは安定度は落ちますが、銃口を大きく動かせるため、対空（または対地）機銃として有効だからです。なお、この銃架の取付例は、III号H・H指揮・J・L型、IV号F₂型などですが、いずれもアフリカ軍団所属車両であることから判断して、現地で応急的に作られたもののようです。

図-122　砲塔右側面
Starboard of turret

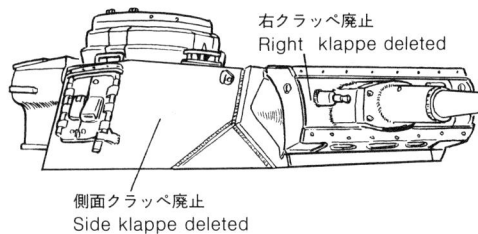

右クラッペ廃止
Right klappe deleted

側面クラッペ廃止
Side klappe deleted

図-121　砲塔左側面
Port of turret

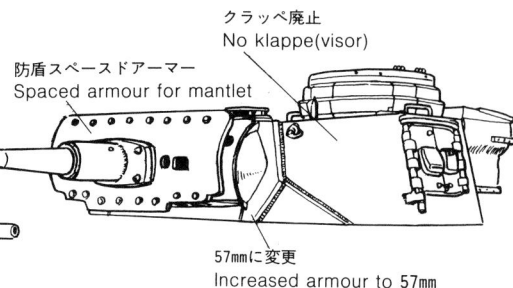

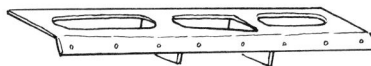

クラッペ廃止
No klappe(visor)

防盾スペースドアーマー
Spaced armour for mantlet

57mmに変更
Increased armour to 57mm

図-123　防盾用スペースドアーマー
Spaced armour for mantlet

J型期一部
Ausf J (early)

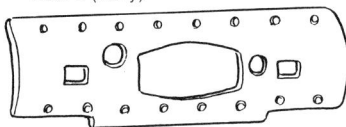

J型後期
Ausf J (late)

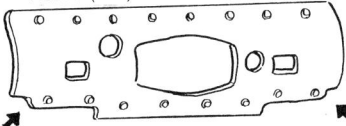

切り欠きがある Cutting

L型　Ausf L

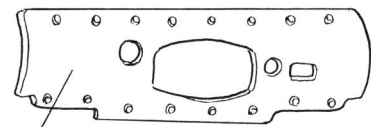

クラッペ用開口部廃止
No klappe opening

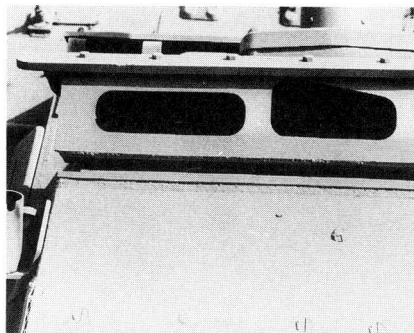

穴の奥に見える駐退複座器点検口に注意
Note the small inspection hatch for the gun recoil system

防盾用スペースドアーマー
Spaced armour for mantlet

図-124　対空機関銃架（非公式）
Anti aircraft machine gun mount
(unofficial equipment)

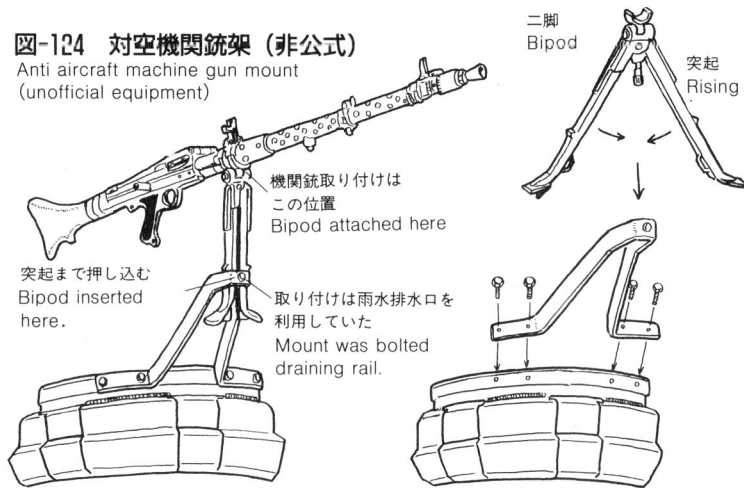

機関銃取り付けはこの位置
Bipod attached here

突起まで押し込む
Bipod inserted here.

取り付けは雨水排水口を利用していた
Mount was bolted draining rail.

二脚
Bipod

突起
Rising

画面左側と砲身の下についている金具に注意
Note the hooks on the left hand side and bottom of the barrel.

砲身上に2個のリベットがあることに注意
Note the two rivets on the barrel.

46

1942年8月、クリミア半島のセバストポリ付近で撮影されたもの。通説では第22戦車師団とされてきたが、車体後部バルカンクロイツ上のマーキングから判断して、BⅣ（装薬運搬車）を装備する（独立）第300（無線操縦）戦車大隊所属のL型（これも自信が無い）と思われる。変わったケベックカステンやフェンダー上の箱はこの部隊独自のもののようで、他にもいくつか確認できる。
Ausf L of 300th Panzer battalion near Sebastopol August 1942.

43頁と同じ「ブラウ作戦」時の第16自動車化歩兵師団第116戦車大隊所属の車両で、防御力強化のためスペースド・アーマーを前部に取り付けたL型。その後方はⅡ号戦車のようだ。
Ausf L of 116th Panzer battalion, 16th Mechanized infantry division in Russia 1942 summer.

1943年、北アフリカ、チュニジアにおける第10戦車師団第7戦車連隊のL型。アフリカのL型はなぜか防盾用増加装甲を装着していない車両が多いが、この車両にも無い。なお、増加装甲用の予備履帯ラックを常設したのは、このL型からである。
Ausf L of 7th Panzer regiment 10th Panzer division. Note this vehicle does not have extra armour on the turret mantlet.

## 図-125　履帯（40cm幅）
Track link (40cm width)

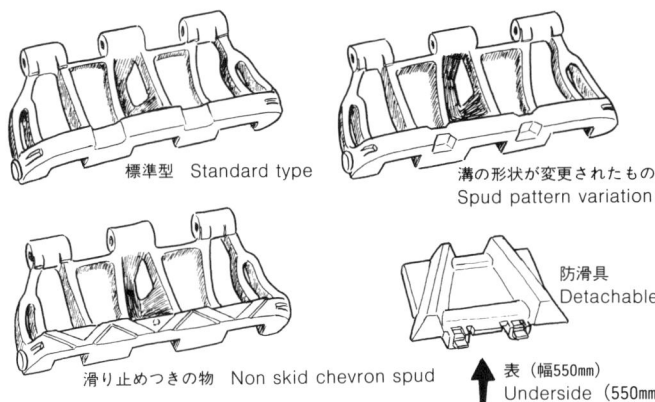

標準型　Standard type

溝の形状が変更されたもの
Spud pattern variation

滑り止めつきの物　Non skid chevron spud

防滑具
Detachable ice spud

## 図-126
オストケッテと防滑具
Ostketten (Eastern track) and ice spud

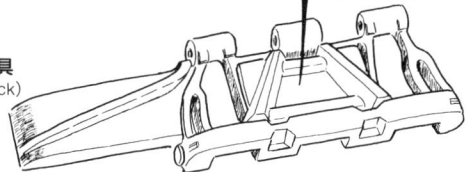

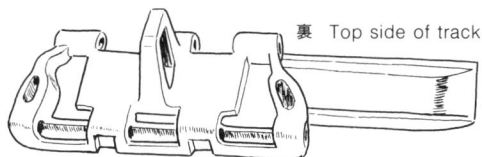

表（幅550mm）
Underside（550mm）

裏　Top side of track

## 図-127　車体下部側面
Lower hull side

脱出ハッチ廃止（両側とも）
No hull side escape hatch

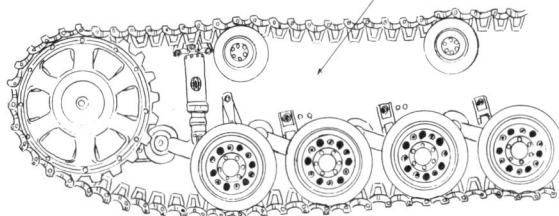

開いた状態の車体後下部の
防水カバー
Opened water tight cover of tail.

ヒンジは内側に移動
Hinges moved inside.

ボッシュ製ライト
Bosch light

前照燈廃止　Head light deleted

## 図-128
車体上部前面
Upper hull front

## 図-129
ボッシュ製ライト
Bosch light

ヒンジが内側に移動したM型の点検ハッチ
The inspection hatch of ausf M, the hinges located inside.

排気弁　Closure valve

## 図-130　車体上部および側面
（タグロープ取り付け金具は省略）
Superstructure
(the clamps and brackets of cable are omitted in this sketch)

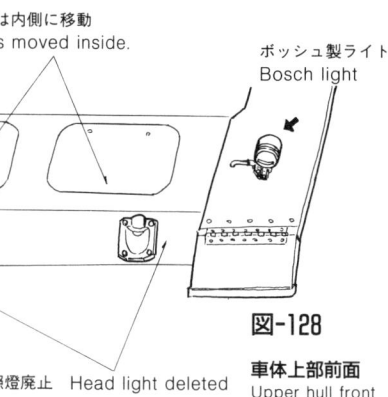

M、N型（M改修）
熔接留め　Ausf M, N
(reworked from ausf M) welded

吊り上げフックの変化
Transition of lifting hook

H〜L、N型（L改修）
Ausf H〜L, M (reworked from L) bolted

スペースドアーマのうえにつく薄板
の形状はこんなものと思われる
The thin plate are tread ways on the spaced armour.

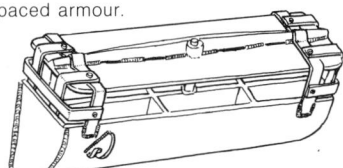

平時　Usually

吸気グリルに防水用の蓋がつく
Air inlet with water tight cover

徒渉時　Fording

## M型について

L型の徒渉能力（河川などを渡る能力）を向上させたのが、このM型で60口径5cm砲を搭載した最終生産型でもあります。また、生産性を高める工夫も随所に見られますが、当初1,000両の生産予定にもかかわらず、1942年10月から1943年2月までに、250両が生産されたにとどまりました。これは既にIII号戦車では威力不足であり、他の目的（突撃砲戦車、N型、火焔放射戦車など）に転用した方が利用価値があると判断されたからです。そのため、M型は補充用の戦車として配備されました。

### 足まわり

●履帯（図125）

III号の40cm巾の履帯はH型からN型まで基本的に同じ履帯が使用されていますが、III号でもIV号G型以降で使われた滑り止めつきの履帯の使用例が一部確認できます。

●防滑具（図126）

冬季の路面凍結によるスリップ防止策としてIII号でも使用されており、J型あたりから確認できます。また、図のようにオストケッテと併用した例も多く見られます。

●オストケッテ（図126）

このオストケッテ（東方用履帯）は履帯の巾を広げて接地圧を低く押さえて、積雪地等での行動を容易にするためのものです。
（普通の履帯巾が40cmに対し、オストケッテの場合55cm）

### 車体下部側面（図127）

●脱出ハッチ

車体下部両側面にあった脱出ハッチが、L型後期から廃止されています。そのため、生産が容易になり、防御力も高まっています。しかし、乗員の脱出口が廃止されたことにより、被弾した際の車内からの脱出は以前より困難になっています。

### 車体上部前面（図128）

●前照燈

L型後期になるとボッシュ製ライト（図129）に変更され、取り付け位置もブレーキ通気口のそばからフェンダー上に移動して

49

います。それによりノテックライト、ホーン（警笛）、車幅表示燈が廃止されています。

●前部点検及び脱出用ハッチ
一部では把手の付いた車両が確認できますが、M型になると徒渉水深を上げるため、ハッチに防水用のゴムのシールがつき、後期ではヒンジが内部に移っています。

## 車体上面及び側面（図130）

●車体吊上用フック
M型よりボルト留めから熔接留めに簡略化され、その位置も機関室上面の１コを除き、上面から側面に移っています。

●吸気グリル
M型より吸気グリルに手動式の防水用フタが付いています。これが、L型との大きな識別点の１つで、徒渉する場合はこのフタを下げて密閉します。その場合、エンジンへの吸気は砲塔の開口部から行われます。

●機関室点検ハッチ
前部の点検ハッチ同様に防水処置が施されています。

## 車体後部（図131）

●マフラー
これまでのマフラーは廃止され、M型から新たに防水用の排気弁の付いた円形マフラーが採用され、その取付位置も高くなり、徒渉水深を上げています。（ドイツの記録では約150cm、英軍記録では約130cm）

●後部牽引用フック
半球状のカバーへのフックの取り付けが確認できます。

●オーバーハング下部
M型ではオーバーハング下部が下に延長され、開閉式の蓋が取り付けられています。平時ではこれが開いてエンジンの冷却気を排出し、この蓋がデフレクター（整風板）を兼ねていますが、徒渉時には車内からの操作により閉じて、水の侵入を防ぎます。

●車間標示燈（図132）
M型の途中から後期型の車間標示燈に変更され、マッドフラップの開口部の形状も変化しています。それに伴い右側の丸い尾燈は廃止され、開口部も無くなっています。（図は最終段階を示しており、車間標示燈は変更しているが、開口部は変化していないなどの例もあります。）なお、後期型の車間標示燈の色ですが、これまでは赤ではないかといわれていましたが、ブルーだったのではないでしょうか。ご存じのように青という色は周囲に溶け込み易い色であり、車間標示燈の役割を考えれば、この色の方がふさわしいのでは？　余談ながら、前述の理由により青信号のほとんどが緑色に変更されています。なお、標示燈の完全なもの

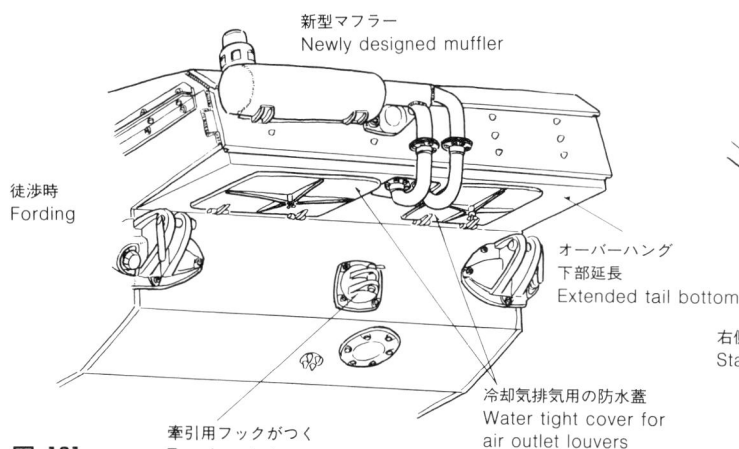

新型マフラー
Newly designed muffler

オーバーハング下部延長
Extended tail bottom

徒渉時
Fording

冷却気排気用の防水蓋
Water tight cover for air outlet louvers

牽引用フックがつく
Tow bracket

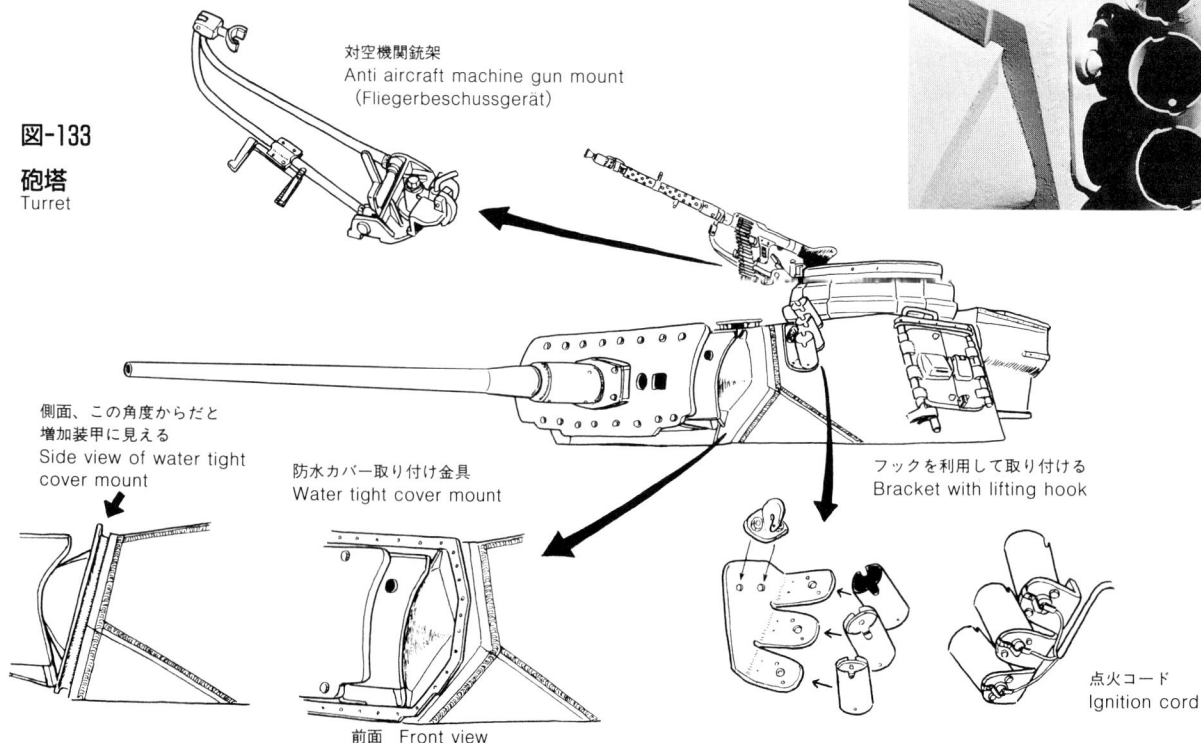

図-132　車間標示燈と尾燈の変化
Transition of convoy light and tail light

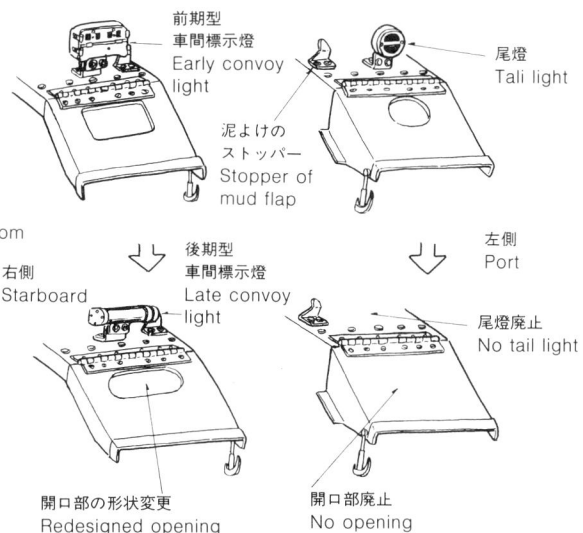

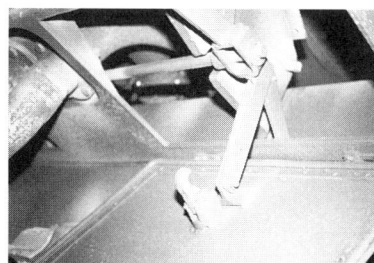

前期型車間標示燈
Early convoy light

尾燈
Tali light

泥よけのストッパー
Stopper of mud flap

後期型車間標示燈
Late convoy light

右側
Starboard

左側
Port

尾燈廃止
No tail light

開口部の形状変更
Redesigned opening

開口部廃止
No opening

車体後下部の開いた状態の防水カバー
Opend water tight cover of tail

図-131
車体後部
Tail of hull

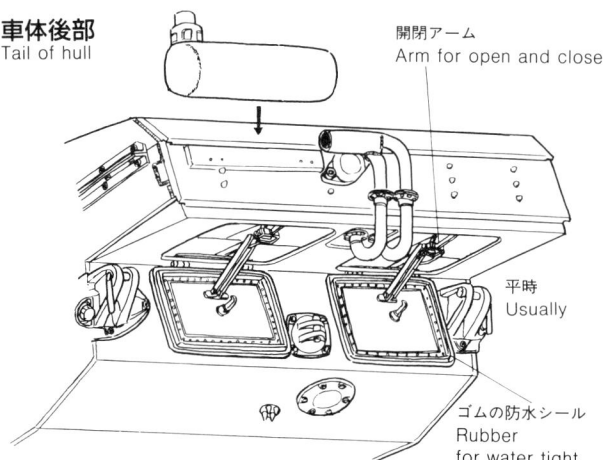

開閉アーム
Arm for open and close

平時
Usually

ゴムの防水シール
Rubber for water tight

底に点火用コードを通す穴がみえる
Note the hole for ignition cord in the bottom.

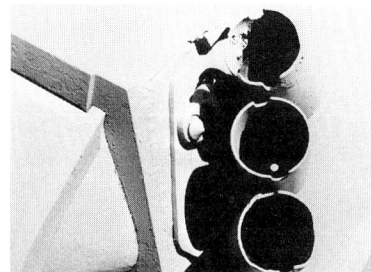

図-133
砲塔
Turret

対空機関銃架
Anti aircraft machine gun mount
(Fliegerbeschussgerät)

側面、この角度からだと増加装甲に見える
Side view of water tight cover mount

防水カバー取り付け金具
Water tight cover mount

フックを利用して取り付ける
Bracket with lifting hook

前面　Front view

点火コード
Ignition cord

## 図-134　シュルツェン取り付けステイ
### （OVMは省略）
Schurzen (armour skirt) and supports
(on some vehicles equipment was omitted)

これを取り付けている例は
あまりない
Few vehicles had this
plate.

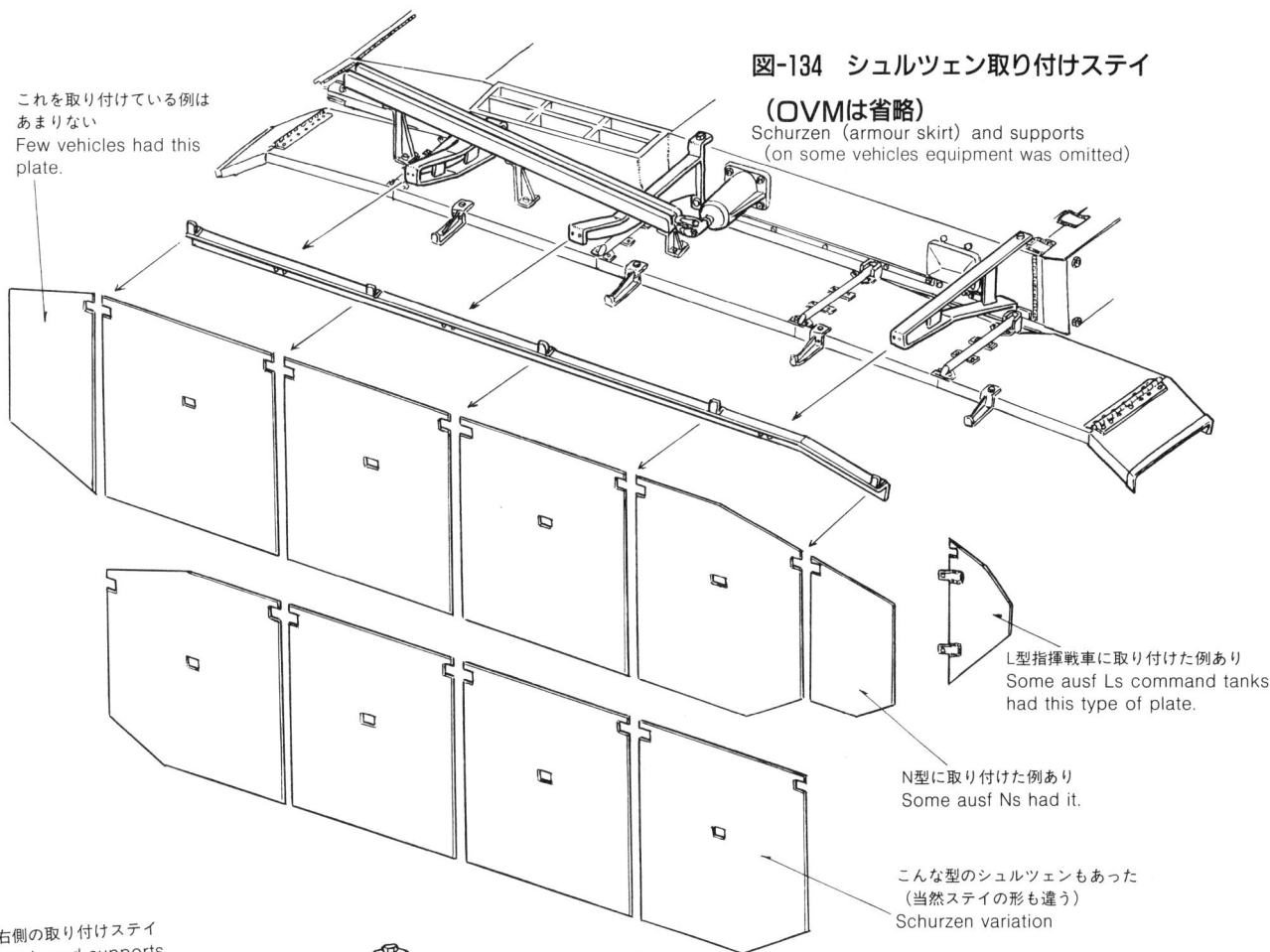

L型指揮戦車に取り付けた例あり
Some ausf Ls command tanks
had this type of plate.

N型に取り付けた例あり
Some ausf Ns had it.

こんな型のシュルツェンもあった
（当然ステイの形も違う）
Schurzen variation

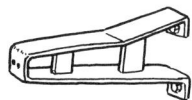

右側の取り付けステイ
Starboard supports

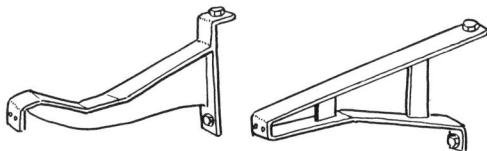

後　Backward

中　Middle
アンテナケースのため
に変形している
Note the shape for
aerial trough.

前　Forward

## 図-135
## シュルツェン
## 取り付けステイ
Schurzen supports

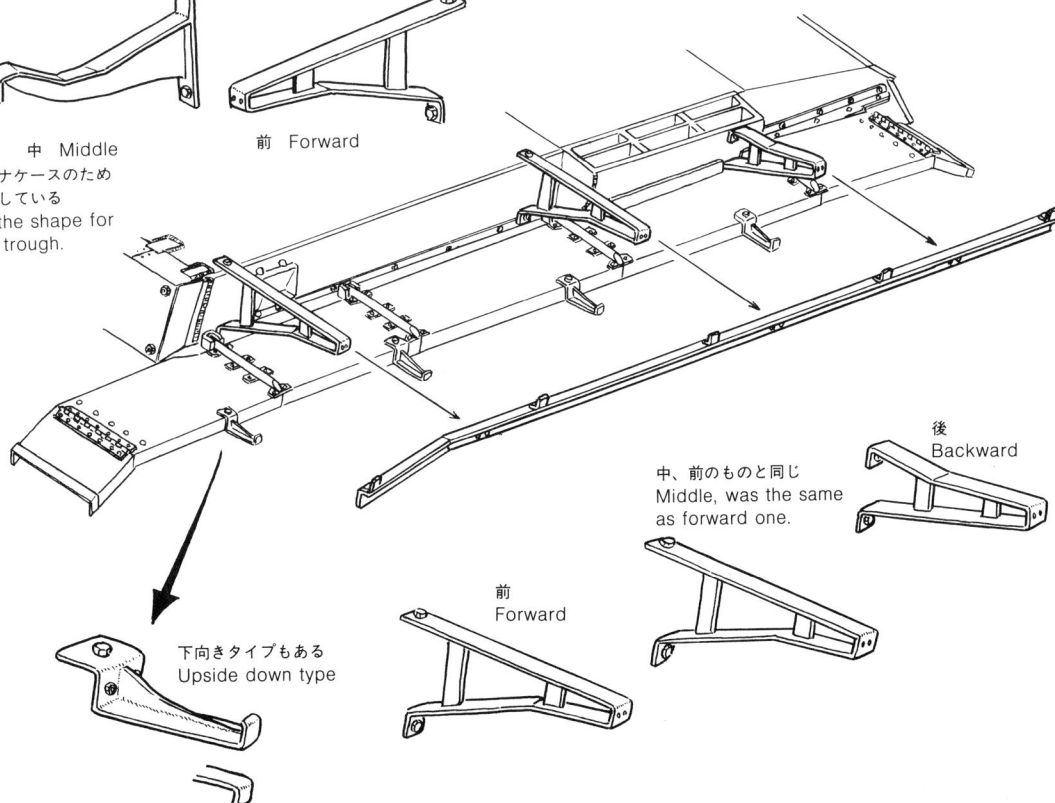

下向きタイプもある
Upside down type

中、前のものと同じ
Middle, was the same
as forward one.

後
Backward

前
Forward

---

は残っていないようですが、よい資料が発
表されることを期待したいと思います。

砲　塔（図133）

### ●前面装甲板
　M型では防盾取り付け部の外側に厚さ20
mmの装甲板が熔接されていると言われてい
ましたが、どうも潜水戦車に見られるよう
な防盾用防水カバーの取付金具と思われま
す。ただ、これが装着されていないM型もあ
るようですし、詳しくは不明です。

### ●発煙弾発射器（Nb K. wg）
　前述したオーバーハング下部の改修によ
り、M型から発煙筒は砲塔両側に移り、車内
からの電気点火によって発射できるように
なりました。（Ⅳ号やティーガーなどに装備
されているものと同じもの）なお、L型後期で
も装備されているようですが、J型初期の短
砲身搭載車両での装備例が確認できました。

### ●対空機銃架
　L型の頁で応急的な機銃架をご紹介しま
したが、Ⅲ号戦車でもⅣ号などと同じ正規
の機銃架が装備されています。ただ、J、L型
の一部ではこれの試作型とも言うべき機銃
架が装備されたようですが、その例はあま
り確認できません。（ジャーマンタンクスP.
246写真943がそれに当たるが、細部は不明）

車体用シュルツェン（図134, 135）

　Ⅲ号戦車も1943年3月よりシュルツェン
が取り付けられるようになり、M型はもち
ろんのこと、生き残った旧型車両の一部に
も装備されています。

### ●取り付けステイ
　支持架はアンテナケースに当たる部分の
取付ステイ（真ん中のもの）だけが左側と異
なっており、アンテナケースの支持架も図
のように変更されています。Ⅳ号では途中
からアンテナの位置が移動したため、左右
同じものになりましたが、Ⅲ号では最後ま
で左右異なったままとなっています。

### ●シュルツェン
　シュルツェンは5mm厚で4枚装備が比較
的よく確認できますが、Ⅳ号のように最前
部にもう一枚取り付けた例も見られます。
（前出の「パンツァー・フォー」で紹介され
たシュルツ中佐で有名な第7戦車師団第25
戦車連隊所属のL型指揮戦車のものは三角
で、ジャーマンタンクスP.68やラスト・オ
ブ・ザ・パンツァーズP.64のN型は四角い）
Ⅲ号のは全て穴あきタイプで取付ステイに
引っ掛ける方式で、それぞれは重ねて取り
付けられますが、以前ご紹介したように前
方からの銃弾が入り込まないように後ろの
板から順に重ねて取り付けられています。

## 砲塔用シュルツェン（図136）

### ●取り付けステイ

こちらのステイは左右同じものですが、IV号戦車のような補強板は無いようです。

### ●シュルツェン

両サイドのハッチ部分にあたるシュルツェンはIV号では観音開きであるのに対し、III号は取り外し式になっています。（詳細不明）また、後部にはアンテナ絶縁用の板が付いています。（図137参照）IV号ではアンテナ位置の変更により途中から廃止されていますが、III号では最後まで残っているようです。なお、シュルツェン装備によりIV号のように後部ピストルポートカバーが廃止されたという説がありますが装備されたのがM型の生産終了後であり、少なくともM型ではその可能性は無いでしょう。

### ●防弾リング

シュルツェン装備によりキューポラ基部保護用の防弾リングがIV号同様に装着されています。

## ツィンメリットコーティング

1943年からドイツ戦車に採用されていますが、III号に施された例は少なく、N型や観測戦車など大戦後期まで使用された車両に多少見られる程度です。

### 図-136　砲塔用シュルツェン
Schurzen for turret

### 図-137　シュルツェン後部
Rear side of schurzen

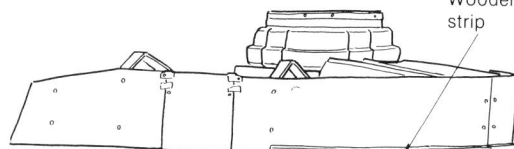

駐退復座器の点検口用に開口部の形状が変形している
Opening for gun recoil system inspection hatch.

ピストルポート廃止との説もある
Some vehicles had no pistol port.

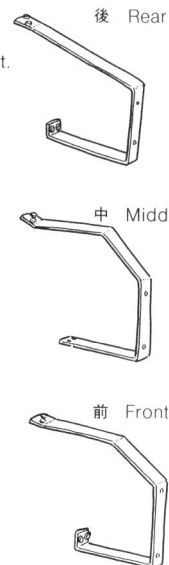

後　Rear

中　Middle

前　Front

取り外し式
Detachable

アンテナ絶縁板
Wooden isolation strip

キューポラ保護リング追加
Cupola splash guard added.

# III号戦車M型（シュルツェンなし）

1/35　作図／富岡吉勝

Pzkfpwlll ausf M without Schurzen

1:35scale

drawn by Yoshikatsu Tomioka

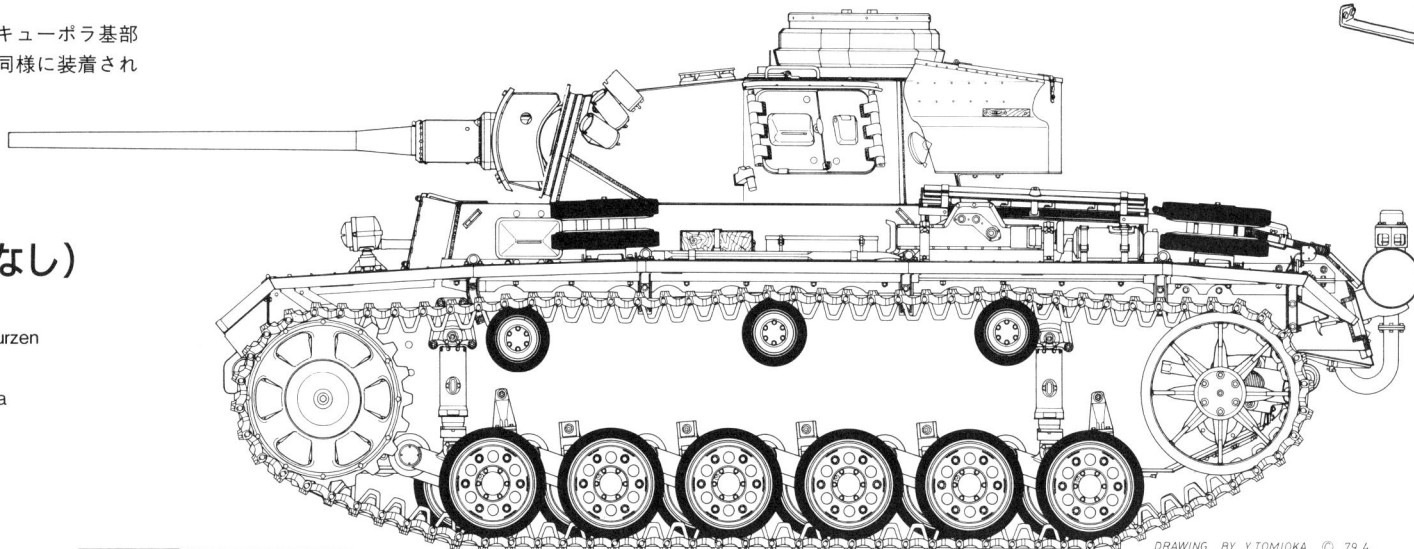

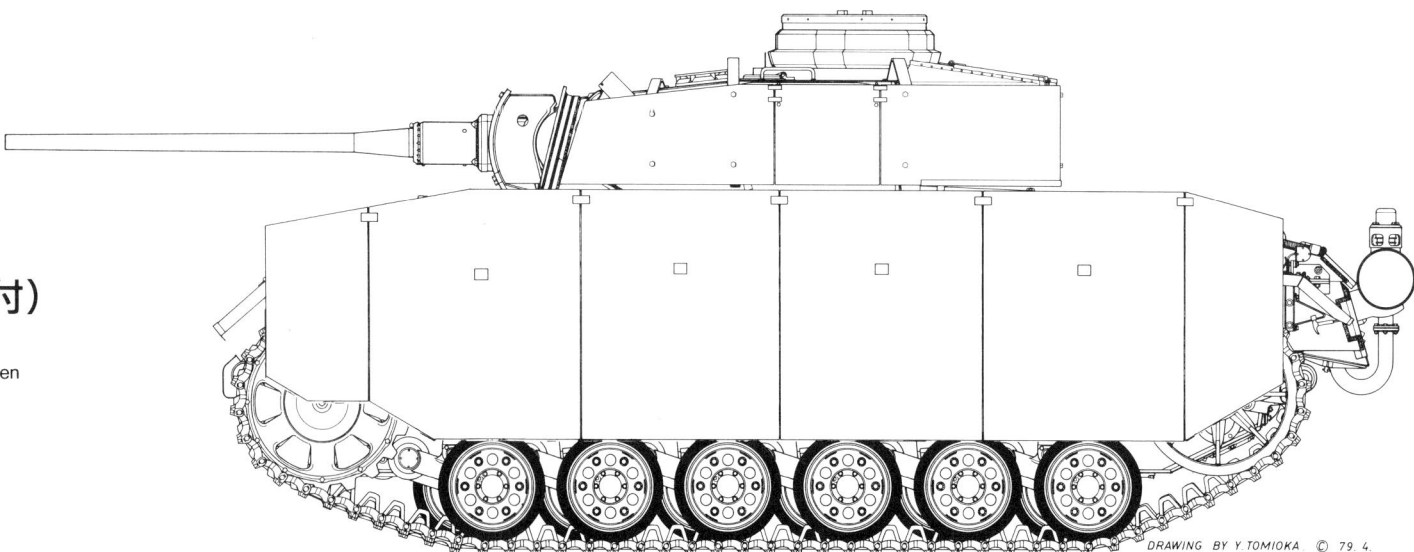

DRAWING BY Y.TOMIOKA © 79 4

# III号戦車M型（シュルツェン付）

1/35　作図／富岡吉勝

Pzkfpwlll ausf M with Schurzen

1:35scale

draw by Yoshikatsu Tomioka

DRAWING BY Y.TOMIOKA © 79 4.

1943年 7 〜 8 月、東部戦線ミウス戦区における第
16自動車化歩兵師団の所属車両と思われるが、ボ
ッシュ製のライト、 3 連装の発煙弾発射器（NbK.
wg）、車体側面のフックなどからM型と分かる。
Ausf M of 16th Mechanized infantry divi-
sion in Russia July〜August 1943.

1943年 9 〜10月、南部戦区。ドニエプル川付近に
おける第23戦車師団第23戦車連隊所属のM型。
（1943年 8 月、第201戦車連隊は第23戦車連隊に改
称）M型の最大の特徴である排気弁付きマフラー
とその下方には 2 枚の冷却気排気用の防水蓋が開
いているのが確認できる。隣の馬車はフィールド
キッチン。
Ausf M of 23rd Panzer regiment 23rd
Panzer division in Russia September
〜October 1943. Note the open water
tight cover of air outlet in the tail.

前頁と同じ第23戦車師団第23戦車連隊所属のM型。吸気孔の防水蓋（蓋裏側にバネが付いているのが確認できる）と発煙弾発射器基部のディテールや履帯のセンターガイドに穴に有るものと無いものがあるなど、いろいろ興味深い写真だ。なお、アンテナ基部の横にあるのは履帯用工具である。
Ausf M of 23rd Panzer regiment.Note the spring in the water tight cover on the hull side air inlet and a track tool beside the aerial base.

1943年7月、クルスク戦における第11戦車師団第15戦車連隊所属車両。新車のM型を上方から撮影した貴重な写真。この角度からだとシュルツェンやスペースド・アーマーの取り付け状況が分かる。
Ausf M of 15th Panzer regiment 11th Panzer division in Kursk campaign July 1943.

1942年11月、ヴィシー・フランスの軍港ツーロン（地中海側）を制圧に向かう第7戦車師団第25戦車連隊所属車両で、車長用ハッチ、ライトなどからJ型またはL型から改装したN型と分かるが、この車体下部には脱出ハッチが付いているのでJ型がベースとなった可能性が強い。

Ausf M of 25th Panzer regiment 7th Panzer division in France November 1942.This vehicle was converted from an ausf J or L.

1943年初め、北アフリカのチュニジアにおける第501重戦車大隊所属のN型で、ティーガーの支援用として配備されていた。N型の識別は主砲を見れば、すぐ分かるが、右フェンダーのクリーニング・ロッドでも識別できる。

Ausf N of 501 heavy tank battalion in Africa early 1943.

データ不足のため推測となるが、恐らく1943年夏、ナンバーのステンシル文字から第20戦車師団のものと思われる。シュルツェン装備のこの車両はボッシュ製ライトが付いているのでM型からの改装のN型である可能性が強い。

Ausf N of 20th Panzer division 1943 summer? This vehicle was converted from an ausf M.

1943年か1944年の初冬、イタリアにおける第26戦車師団第26戦車連隊火焔放射戦車中隊所属車。M型をベースにした火焔放射戦車で1943年にヴェグマン社において100両が生産された。5cm砲より少し太いパイプ製砲身にセットされた火焔放射器と車体前面に熔接留めされた30mm厚の装甲板が特徴である。

Flame thrower of 26th Panzer regiment 26th Panzer division in Italy winter 1943 or 44.This vehicle was converted from an ausf M.

## 図-138 車体上部前面の変化（ベースとなった型による変化）
Transition of nose of hull

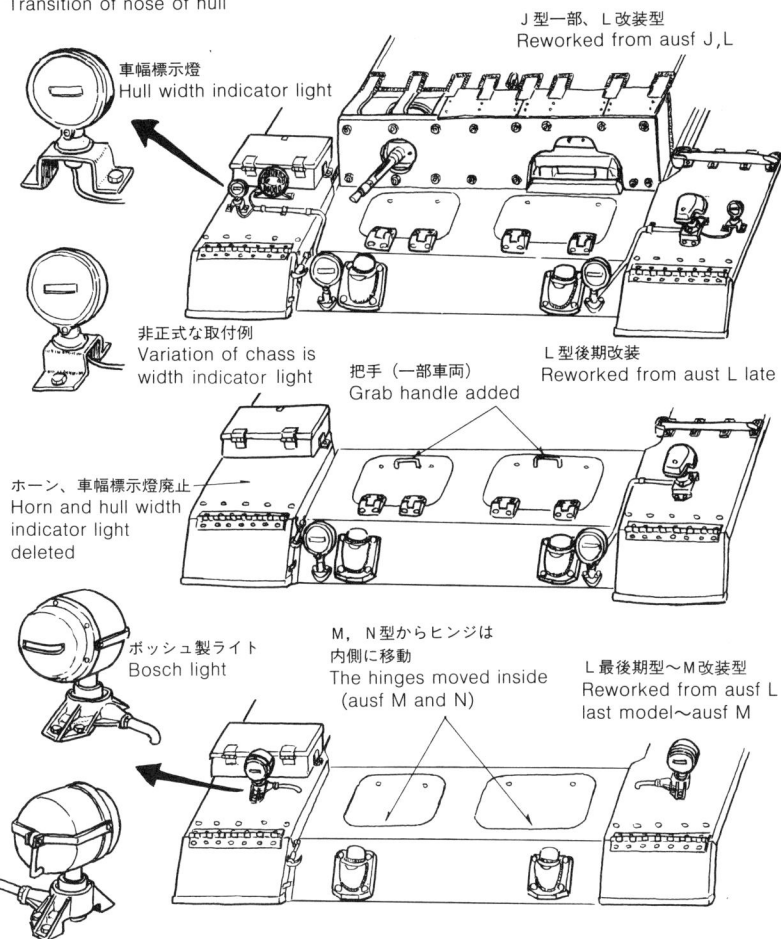

車幅標示燈
Hull width indicator light

J型一部、L改装型
Reworked from ausf J,L

非正式な取付例
Variation of chass is
width indicator light

把手（一部車両）
Grab handle added

L型後期改装
Reworked from aust L late

ホーン、車幅標示燈廃止
Horn and hull width
indicator light
deleted

M、N型からヒンジは
内側に移動
The hinges moved inside
(ausf M and N)

L最後期型～M改装型
Reworked from ausf L
last model～ausf M

ボッシュ製ライト
Bosch light

L型後期改装のN型、増加装甲板の操縦手用ペリスコープ用の切り欠きが熔接されていることに注意
Reworked from ausf L late. Note the welded cutting of hull spaced armour for driver's periscope port.

## 図-139 予備履帯ラックのバリエーション
Spare track rack variation

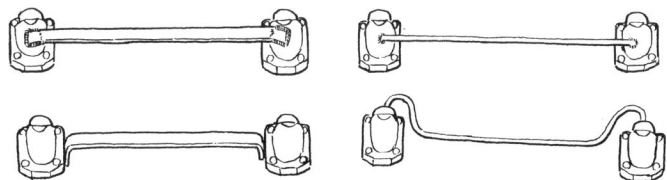

予備履帯ラック　Spare track rack

予備履帯ラックの右、ブレーキ点検ハッチの間に取り付けられた増加装甲板に注意。点検ハッチのロックレバーが外側につけられているが、ここは博物館で改造したのかもしれない
Note the additional armour is between brake access hatches and the hatch locking handle out side of it. It might have been reworked by museum staff.

# Ⅲ号戦車 N型

**Panzerkampfwagen Ⅲ ausf N**

## N型について

Ⅲ号の主砲である長砲身の5cm砲は40式徹甲弾の使用によりT34などを何とか撃破できましたが、近距離に限られ、苦戦を強いられた為、強力な火力の増強が以前より前線から要求されていました。これに対し、砲塔はⅣ号のものに代えて長砲身の7.5cm砲を搭載する案などがありましたが、Ⅲ号の車体はすでに限界に近く、1942年6月、搭載がギリギリ可能な短砲身7.5cm砲が装備されることが決まりました。この砲は高性能榴弾や成形炸薬弾が発射可能なため、前線においても評判が良くJ型からM型までの車体を利用して、1942年6月から1943年8月までに改装車両を含め、700両が生産されています。しかし、前述しましたようにⅢ号戦車の生産はこのN型を以て終了し、車体は突撃砲戦車用に引き続き生産されていきました。

### 足まわり

特に変化なし

### 車体下部側面

●脱出ハッチ

車体下部両側面にあった脱出ハッチは、J型やL改装型の一部にはありますが、それ以降の型では廃止されています。

### 車体上部前面（図138）

●ライト関係

L型の頁では紹介しませんでしたがL型の生産途中から車幅標示燈とホーンが廃止され、ノテックライトと前照燈のみになっています。L改装のN型ではこのタイプが多く、手持ちの資料では車幅標示燈を装備したN型は確認できませんでした。L型の後期より、通常型ライトからボッシュ製ライトに変更され、その位置もフェンダー上に移っていますが、その車体を使用したN型もそのようになっています。

●点検および脱出ハッチ

M型後期を使用した車両はヒンジが内部に移っています。

●補助装甲用予備履帯ラック（図139）

J型あたりから2つのブレーキ通気孔の間に予備履帯用のラックが装備されましたが、そのラックにはいろいろなバリエーションが見られます。

## 車体上面及び側面（図140）

### ●スプラッシュ・ガード
J，L型改装車両の一部では跳弾板が確認できます。

### ●車体吊上用フック
M改装型ではボルト留めから熔接留めに簡略化され、その位置も図の位置に変更されています。

### ●吸気グリル
M改装型より吸気グリルに手動式の防水用フタが付いています。

## 右フェンダーのOVM（図141）

### ●クリーニングロッド
7.5cm砲の搭載により、そのクリーニングロッドが全てのN型に装備されています。その位置はアンテナケースの横で、取り付け金具はⅢ突（短砲身搭載車両）のものと同じです。

## 左フェンダーのOVM（図142）

### ●ジャッキ
M型ではⅣ号でも装備された、接地面が「田」の字のものが多く見られるので、M改装型も同様に装備されたと思われます。

## 車体後部（図143）

### ●マフラー
M改装型から排気弁の付いた円形マフラーに変更され、デフレクター（整風板）も廃止されています。

### ●後部牽引用フック
半球状のカバーにフックの取り付けがL改装型でも確認できます。

### ●オーバーハング下部
M改装型ではオーバーハング下部が下に延長され、開閉式のフラップが取り付けられています。そのため、発煙筒は砲塔側面に移動しています。

## 砲塔（図144）

### ●主砲関係（図145）
Ⅲ号では唯一短砲身7.5cm砲を装備しているので、他の型とはすぐ見分けが付きます。なお、砲はⅣ号同様2種類あり、駐退器カバーは従来の5cm砲用のものに比べ大型なものになっており形状も角張っています。

### ●防盾用スペースド・アーマー
N型では車体重量等の関係から防盾部には取り付けられていない車両が多いのですが、一部の資料では図のような他のⅢ号と同じスペースド・アーマーを装備した車両が確認できます。

### ●発煙弾発射器（Nb K. wg）
L改装型より発煙筒はオーバーハング内より砲塔側面に移動しています。弾は2種類確認できますが、一方はSマインかもしれません。（ただし、Sマインの直径は100mmなので、90mmしか

### 図-140 車体上面　Superstructure

J，L改装型
Reworked from ausf J or L

M改装型
Reworked from ausf M

吸気グリルに防水カバーがつく
Air inlet with water tight cover

新型マフラー
Newly designed muffler

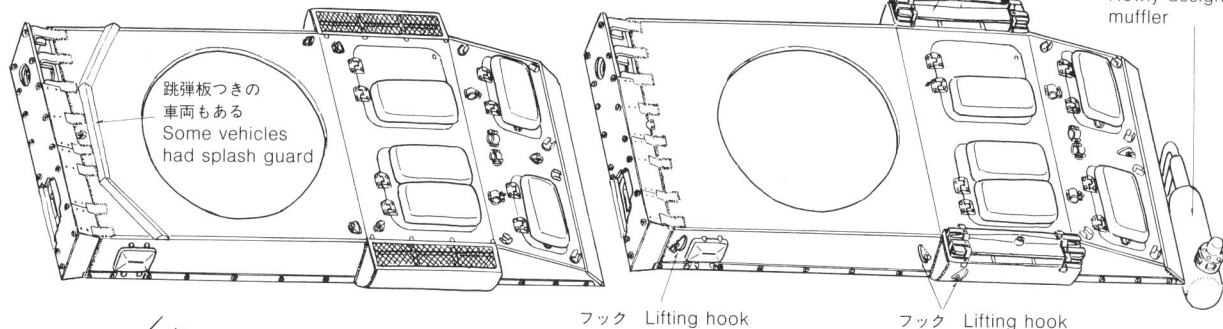

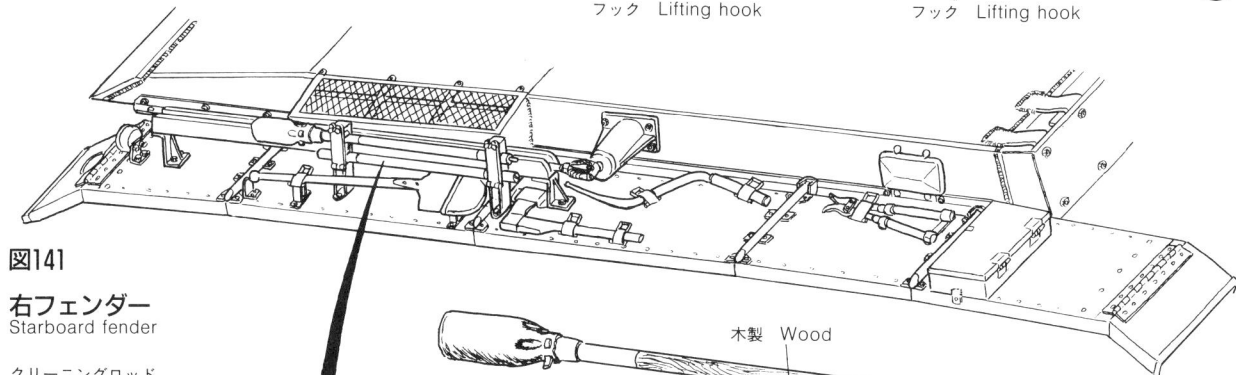

跳弾板つきの車両もある
Some vehicles had splash guard

フック　Lifting hook

フック　Lifting hook

### 図141

**右フェンダー**
Starboard fender

クリーニングロッド
（Ⅲ号突撃砲のものと同じ）
barrel cleaning rods
(same as Pz Ⅲ Assault gun)

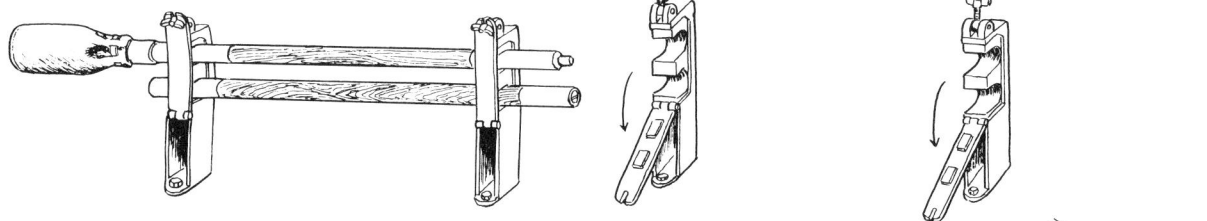

木製　Wood

金属製ジョイント
Metal joint

### 図-142　左フェンダー
Port fender

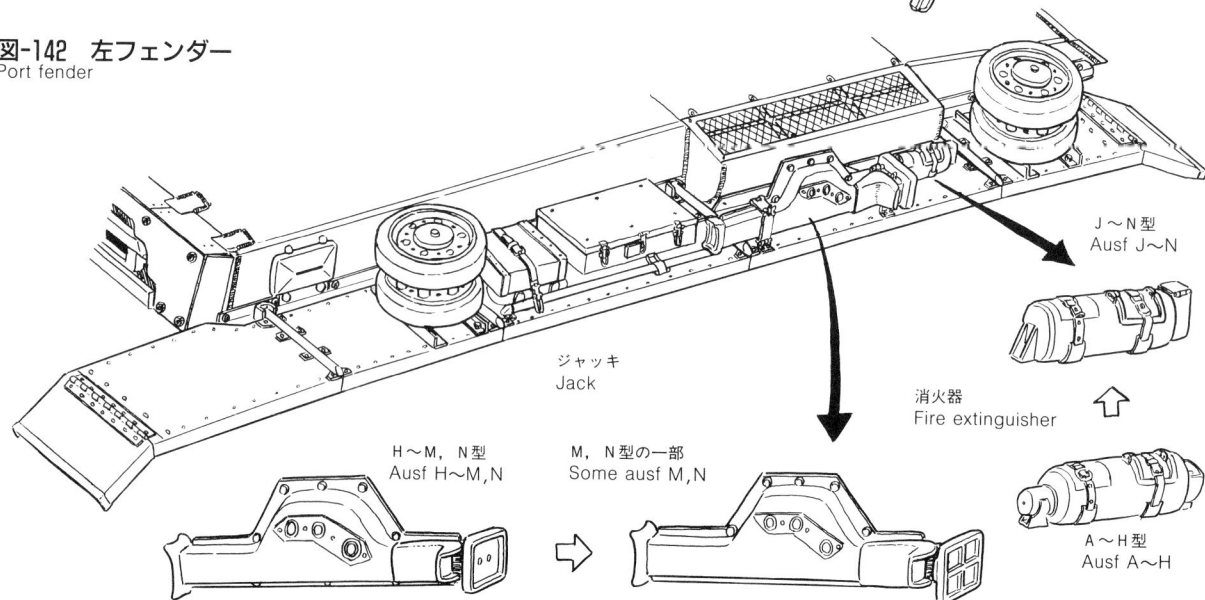

ジャッキ
Jack

J〜N型
Ausf J〜N

消火器
Fire extinguisher

H〜M，N型
Ausf H〜M,N

M，N型の一部
Some ausf M,N

A〜H型
Ausf A〜H

## 図-143 車体後部
Tail of hull

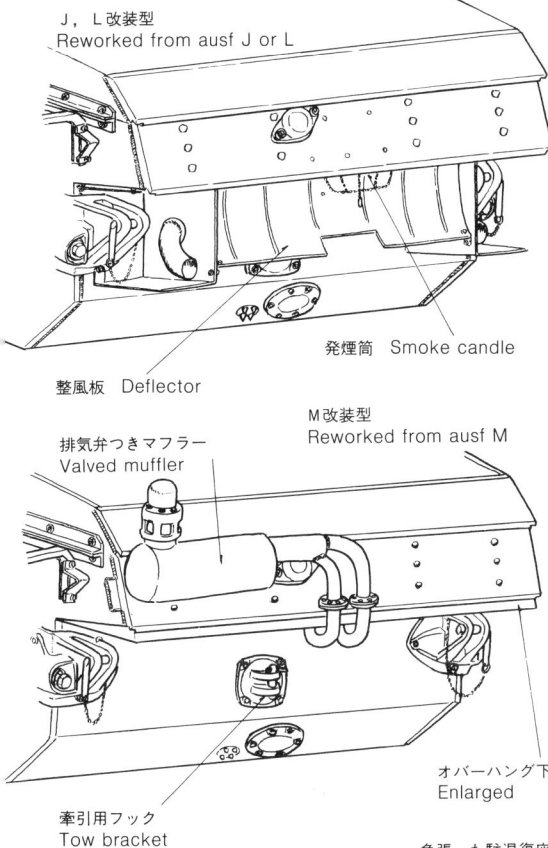

J，L改装型
Reworked from ausf J or L

発煙筒　Smoke candle

整風板　Deflector

排気弁つきマフラー
Valved muffler

M改装型
Reworked from ausf M

牽引用フック
Tow bracket

オーバーハング下部延長
Enlarged

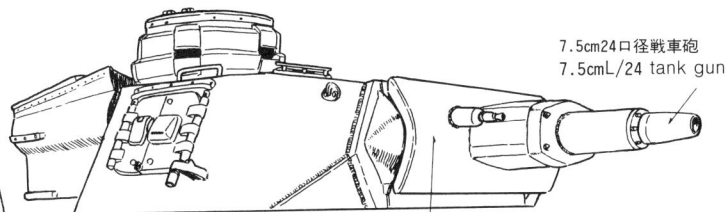

7.5cm24口径戦車砲
7.5cmL/24 tank gun

投弾（Sマイン）？
Grenade (S mine) ?

クラッペなし
No klappe

## 図-144
砲塔
Turret

発煙弾
Smoke shell

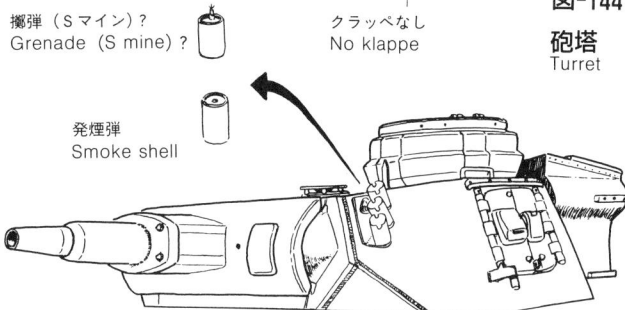

防盾用スペースドアーマー
Spaced armour of gun mantlet

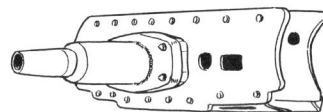

## 図-145　主砲基部の変化
Transition of main gun

角張った駐退復座器カバー
Squarish recuperator housing

初期型　Early model

N型　Ausf N

J～M型　Ausf J～M

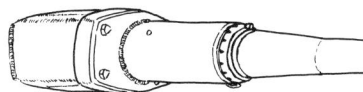

## 図-146
キューポラ
Cupola

2枚ハッチ
Two piece hatch

G型後期～N型
Ausf G late～N

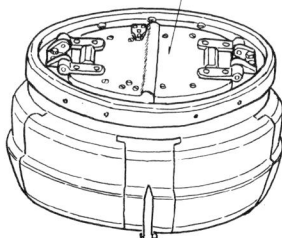

ハッチ内側
Inside of hatch

円形1枚ハッチ
One piece hatch

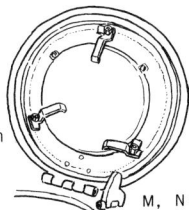

M，N後期型の一部
（Ⅳ号戦車G最後期～J型）
Ausf M，N late
(Pz Ⅳ ausf G final
model～J)

最大装甲厚100mm
100mm armour

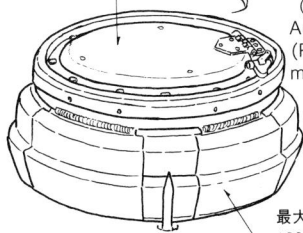

ないこの発射器では装填できないのですが、一方の弾頭にはSマインの特徴であるヒゲ状の信管？があり、そのように考察したのです）

●キューポラ（図146）

　M改装型後期からキューポラの装甲が厚いものに変更され、ハッチも円形の1枚ハッチになっています。（Ⅳ号G型最後期から装備されたものと同じもの）これまで、M型は2枚ハッチ、N型は1枚ハッチと一部で誤解されていたようですが、このようにN型では2種類が存在しますし、キューポラも図のように微妙に形状が異なります。また、M型後期においてもこのキューポラとハッチを装備した車両が一部存在するようです。（戦車マガジン別冊「オール未発表ドイツ軍戦車写真集」P．63参照）

### シュルツェン

　1943年3月の生産分からシュルツェンが取り付けられました。（詳しくはM型の頁参照）

### ツィンメリットコーティング

　N型一部で見られ、そのパターンはⅣ号と同じです。

　（大日本絵画刊の「ジャーマンタンクス」P.68に、「ノルウェーで連合軍に降伏した3号戦車N型」として、ツィンメリットコーティングを施したN型と、J型の写真がある）

## Ⅲ号戦車N型　　1/35　作図　富岡吉勝

Pzkfpw Ⅲ ausf N 1:35scale
drawn by Yoshikatsu Tomioka

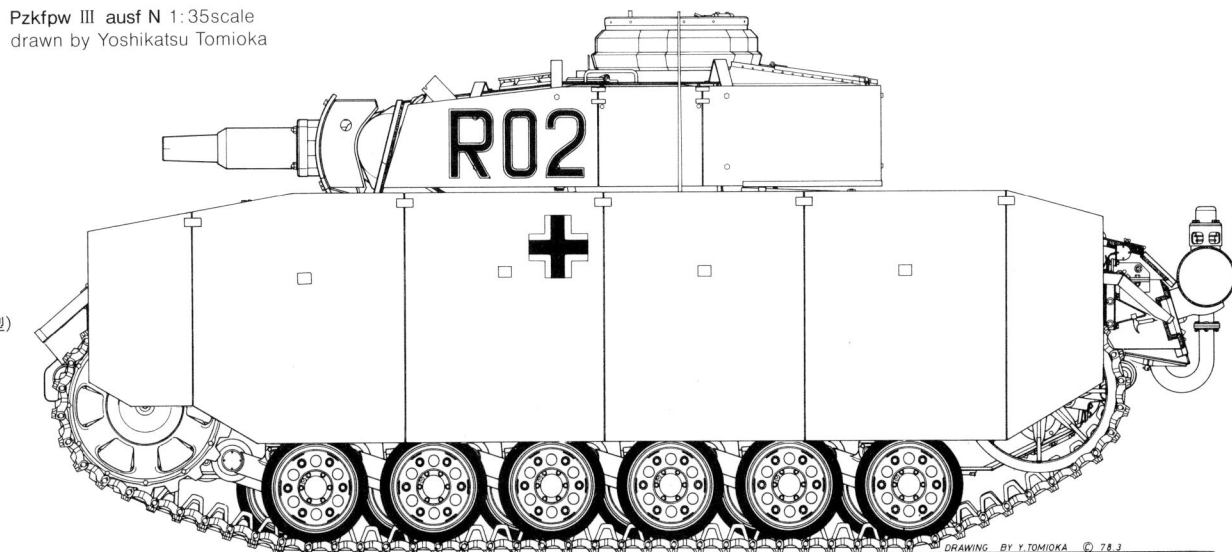

R02

DRAWING BY Y.TOMIOKA © 78.3

# 車外搭載物

## On vehicle equipment

## 車外搭載物について

　ドイツ戦車はフェンダー上に多くの工具類を中心とした搭載物を取り付けています。それらはその戦車独自の工具から全車両共通のものまであり、また、部隊独自の装備や個人のものまでが混在しています。ここでは、III号戦車共通の車外搭載物（OVM）をご紹介します。

●ワイヤーカッター（図A）
　ドイツ車両共通のもので、戦車の侵入を妨害する有刺鉄線などを切断するためのものです。取り付け金具はIV号戦車のものとは異なります。
●手　斧（図B）
　これも多くの車両が装備しています。
●エンジン始動用クランク棒（図C）
　当時の車両にはセルモーターがあり、通常のエンジン始動はそれによって行っていますが、冬季の場合はバッテリーの消耗を押さえるために、手動によるエンジン始動が指示されています。クランクの形状は戦車により異なります。
●スコップ（図D）
　これも全車両共通の標準タイプがIII号に装備されています。
●S型シャックル（図E）
　車体の牽引用フックとタグロープを結ぶためのもので、III号ではこのS型シャックルが使用されました。なお、G型よりタグロープが2本装備されるようになったため、シャックルも1個から2個に増えています。
●バール（図F）
　履帯や転輪などの交換時に使用されるもので、1本装備されており、初期の角型のものと後期の丸型のものがあります。
●ジャッキ（図G）
　ドイツ戦車のジャッキは大戦を通してギア式のもので、持ち上げる重量に応じてジャッキが異なり、III号戦車用には大きく分けて2種類のものがあります。なおクランクは折畳み式のものではありません。また、M、N型の一部車両の中にはIV号戦車と同じものを装備している車両が確認できます。
●ジャッキ台（図H）
　これはジャッキアップの際の台となるもので、ジャッキにより大きさや形状、装着方法が異なりますが、III号は図のようなものが使用されました。

●図ーA　ワイヤーカッター Wire cutter
ゴム製 Rubber
木製の柄 Wooden handle
鋼製の刃 Blade

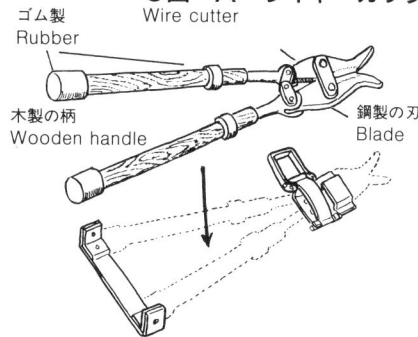

図ーC　エンジン始動用クランク
Engine starter crank handle

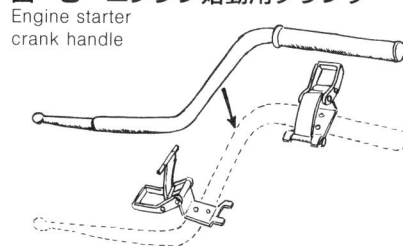

図ーE　S型シャックル S-shaped shackle

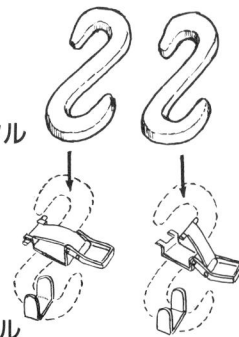

図ーB　手斧 Axe

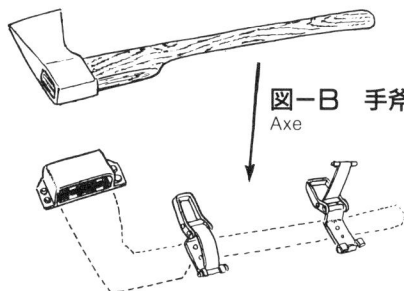

図ーD　スコップ Shovel

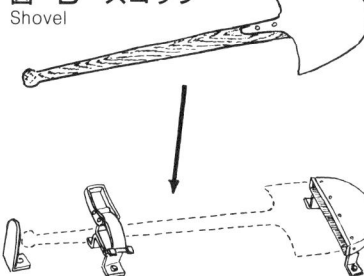

図ーF　バール Crowbar
初期（角）Early (Square)
後期（丸）Late (round)

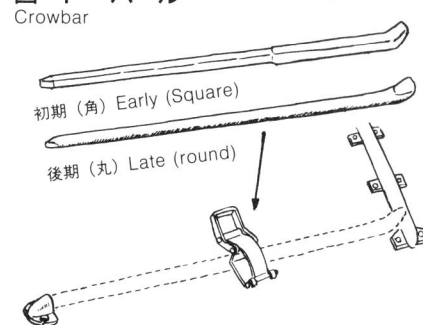

図ーG　ジャッキ　Jack

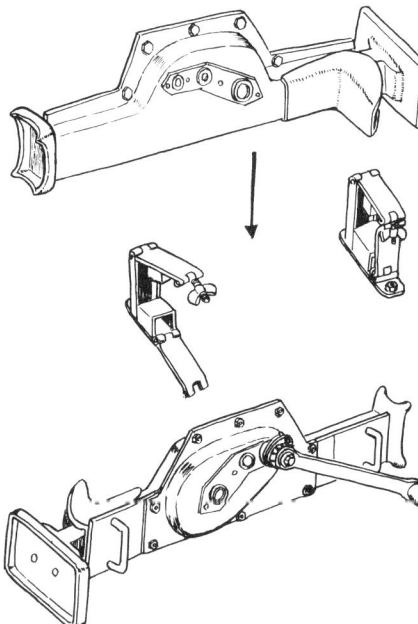

注；このジャッキのクランクはIV号などに使用されたものと違い、折り畳めないようだ
This crank did not fold

A〜G型 Ausf A〜G

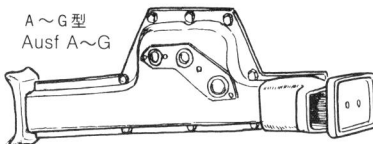

H〜N型 Ausf H〜N

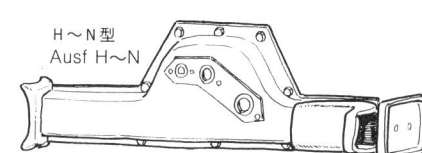

M、N型 Ausf M, N

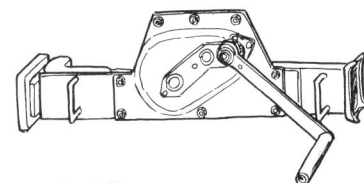

IV号戦車と同じもの、一部車両？　Same type as Pz IV

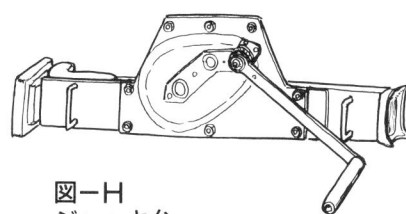

折り畳み式のクランク　Folding crank

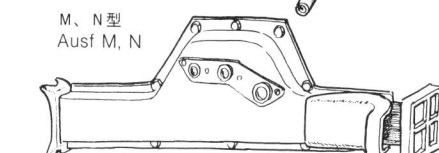

図ーH　ジャッキ台 Jack rest block

図ーI　予備転輪ラック Spare wheel bracket

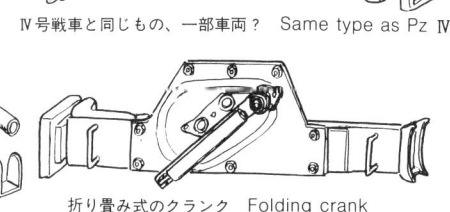

●予備転輪ラック（図I）
　III号戦車の予備転輪の装着方法は独自なもので、図のようなラックが使用されました。
●消火器（図J）
　III号においても初期タイプと後期タイプが確認できます。

図ーJ　消火器　Fire extinguisher

A〜H型 Ausf A〜H

J〜N型 Ausf J〜N

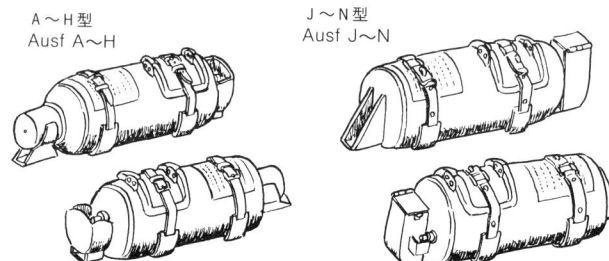

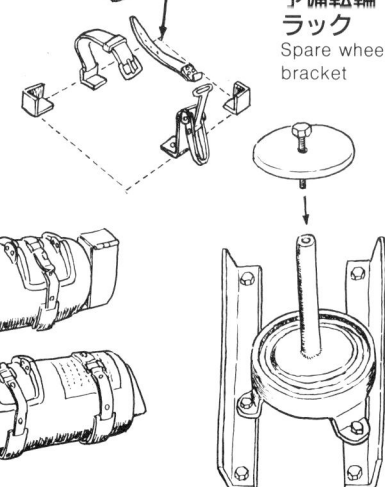

図-148
車体前部（H型）
Nose of hull (Ausf H)

30mm増加装甲板
30mm additional armour

図-147
車体前部（E型）
Nose of hull (Ausf E)

ノテックライト
Notek Light

30mm装甲用クラッペ
Driver's klappe for 30mm armour

ピストルポート Pistol port

'88.5 MAKI

図-149
車体右側面
Starboard

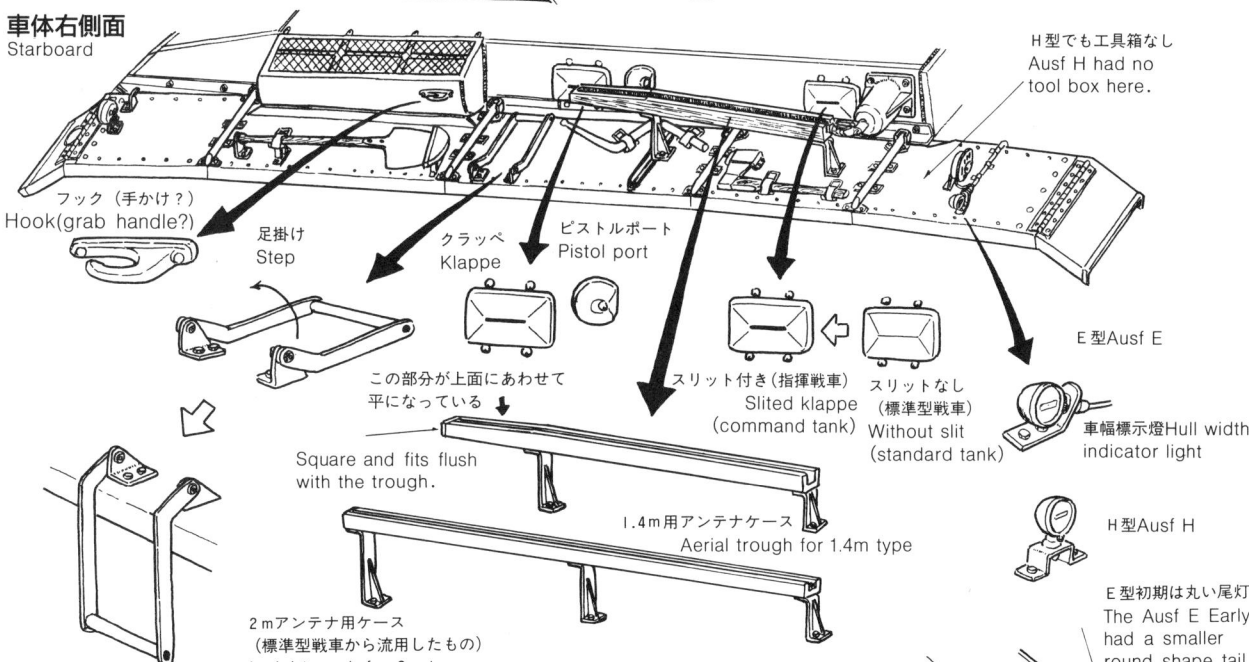

H型でも工具箱なし
Ausf H had no tool box here.

フック（手かけ？）
Hook(grab handle?)

足掛け
Step

クラッペ
Klappe

ピストルポート
Pistol port

この部分が上面にあわせて平になっている
Square and fits flush with the trough.

スリット付き（指揮戦車）
Slited klappe (command tank)

スリットなし（標準型戦車）
Without slit (standard tank)

E型 Ausf E

車幅標示燈 Hull width indicator light

1.4m用アンテナケース
Aerial trough for 1.4m type

H型 Ausf H

2mアンテナ用ケース
（標準型戦車から流用したもの）
Aerial trough for 2m type (comes from a standard tank)

ピストルポート
Pistol port

リベット4個
Four rivets

E型初期は丸い尾灯
The Ausf E Early had a smaller round shape tail light.

図-150
車体左側面
Port fender

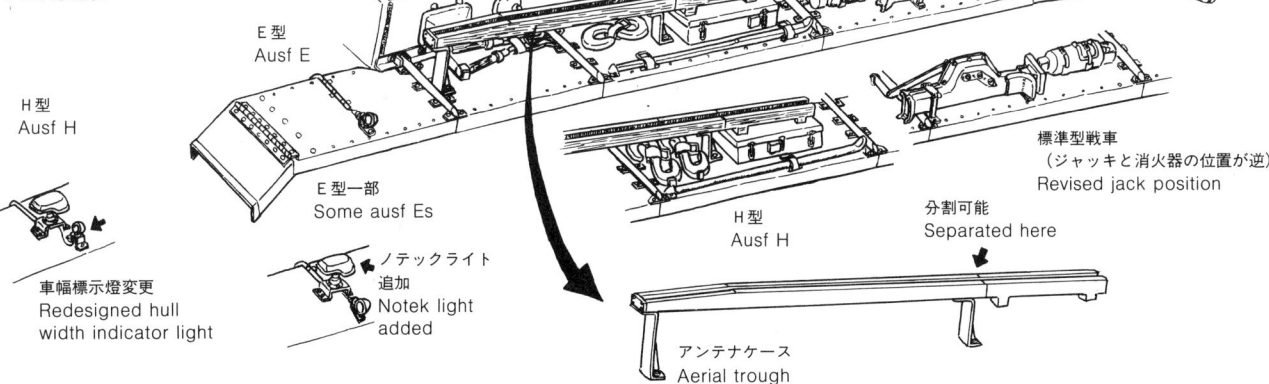

H型
Ausf H

E型
Ausf E

E型一部
Some ausf Es

H型
Ausf H

標準型戦車
（ジャッキと消火器の位置が逆）
Revised jack position

分割可能
Separated here

車幅標示燈変更
Redesigned hull width indicator light

ノテックライト
追加
Notek light added

アンテナケース
Aerial trough

# Ⅲ号指揮戦車 E、H型

Panzerkampfwagen Ⅲ Command tank model E, H

## Ⅲ号指揮戦車E,H型について

1935年10月15日、機甲師団の誕生により、常に最前線において状況を的確に把握し、命令を与えるための車両が必要となり、戦車部隊と共に行動する車両として、当初Ⅰ号戦車をベースにしたものが造られました。しかし、手狭であるため、より大型の車両が求められ、1938年将来の主力戦車として期待されていたⅢ号戦車の車体を利用した指揮戦車が誕生しました。当初、指揮戦車は無線器の増設に伴う火力の低下を敵に悟られないよう、できる限り標準型の戦車と同じ外観を保つように指示されましたが、後に前線の要求と無線器の小型化により、火力を増強した指揮戦車も生産されるようになりました。なお、指揮戦車E、H型は搭載する無線機の種類によって次のように分類されています。
- Sd.Kfz.236；FuG6＋FuG2
（大隊および連隊間の通信）
- Sd.Kfz.267；FuG6＋FuG8
（師団司令部連絡用）
- Sd.Kfz.268；FuG6＋FuG8
（空軍との連絡用）

E型は1938年7月から1940年2月までに50両、H型は1940年11月から1942年1月までに、175両が生産されました。

### 足まわり

E型とH型の識別点はベースと同じく、起動輪、誘導輪、転輪、履帯、ショック・アブソーバーおよび第Ⅰ転輪の位置等ですが、H型の初期においては起動輪と誘導輪に旧型のものを装備した車両も確認できます。（これは標準型戦車でも同様）その場合、それぞれにスペーサーを挟んで40cm幅の履帯を使用しています。

### 車体前部（図147,148）

●増加装甲板

E型とH型の違いは30mm厚の増加装甲板の有無で簡単に識別できます。

●ピストルポート

指揮戦車では車体の前面機銃が廃止され、その代わりに砲塔後部に装備されているのと同じピストルポートが取り付けられています。なお、H型では増加装甲板のその部分にピストルポートに合わせて丸く穴が開けられています。

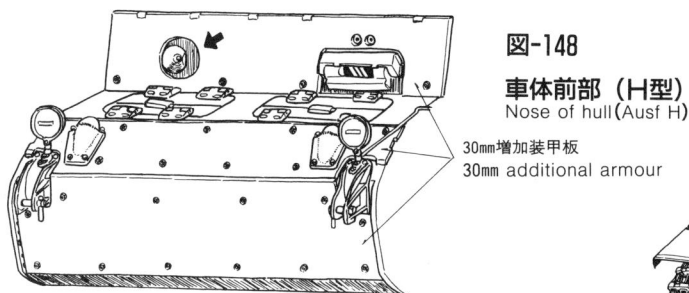

## ●操縦手前方視察クラッペ

E型H型ともに、標準型のG型から採用されたFahrersehklappe30を取り付けてあります。

## ●ノテックライト

E型の一部車両において、車体前部左側のブレーキ用通気孔カバーの横に取り付けられています。

## 車体右側面付近（図149）

### ●アンテナ関係

アンテナ基部は車体中央からクラッペの前に移動しており、そのアンテナは2mのものと1.4mの2種類が確認できます。1.4mのアンテナは無線機FuG2用であることから、この車両は、Sd.kfz.266と予想できます。なお、アンテナの長さに応じてそのケースも2種類確認できますが、2mのアンテナを装備した車両でも1.4m用のケースを使用している例もあります。（無線機とアンテナの関係などについては、MG別冊ジャーマンタンクスのP.254が参考になります）

### ●視察クラッペ、ピストルポート

右側面のクラッペはベースとなる車両の場合、スリットの無いものが付き、アンテナ基部のあった辺りに、もう1つ増設されています。また、ピストルポートも近くに取り付けられています。

### ●足掛け

指揮戦車は、お偉いさんが乗車するため、足掛けが装備されています。

### ●フック

指揮戦車には吸気グリル側面前部にはフックらしきものが取り付けられています。右側のみであることと足掛けの位置との関係から、乗車する際、手を掛けるためのものと判断してみましたが、いかがでしょうか。

### ●ライト関係

車幅標示燈でE型とH型の識別ができる他は、変化が無いようです。

### ●OVM類

ベースとなったH型ではホーン（警笛）の後ろに工具箱が装備されていましたが、指揮戦車のH型では見当たりません。（もちろんE型指揮戦車にも無い）この工具箱はいったい何用のものなのでしょうか。

## 車体左側面付近（図150）

### ●アンテナ関係

左側面に2mのアンテナが増設されています。今のところ2mの1種類しか確認できないところから判断して、全型式共通のFuG6用と思われます。なお、そのアンテナケースは途中で分割できる構造となっており、これは履帯用工具箱のフタの開閉を容易にするための配慮と考えられます。

### ●ピストルポート

左側には増設のクラッペはありませんが、右側同様ピストルポートが取り付けられています。

なお、その後ろには4コのリベットが確認できます。

### ●ライト関係

H型では車幅標示燈の変化の他に、ノテックライトの新設があります。ただ、E型においても図147の位置の他にH型と同様の位置にノテックライトを装備した車両が確認できます。またE型では通常、左側も右側と同じ丸い尾灯が取り付けられていますが、後期になるとH型と同じく車間標示燈に変更されています。

### ●OVM関係

E型とH型の違いは、S型シャックルが1コから2コに増えた事と履帯用工具箱の細部の変化、バールの装着方法、ジャッキの変更などで標準型戦車と同じです。右側を含めてこの記事で紹介するOVM類の位置は例によって基本となる正規の位置ですが、部隊や車両によって、さまざまなバリエーションがあります。なお、指揮戦車の場合、ジャッキと消火器の位置が通常型戦車の位置とは異なっていますが、アンテナが増設されたことにより、これまでの位置ではジャッキのクランクがアンテナ基部の下になるため、取り出しにくいので、消火器を前に移動し、ジャッキを後ろに下げたようです。

## 車体上部（図151）

### ●車体吊上用フック

標準型戦車と指揮戦車では前部上面のフックが、車体中央1コから左右両端2コになっています。また、E型とH型ではその形状が変化しています。

### ●跳弾板の廃止

砲塔基部を保護するための跳弾板が指揮戦車ではなぜか見当たりません。そのため、前線ではこの部分に予備履帯を載せて補助装甲としています。

### ●フレーム式アンテナ

初期の指揮戦車の特徴と言えるものでFuG8用のものです。そうなるとFuG8を搭載しないSd.Kfz.266や268ではこのアンテナは必要無いことになりますが、そのような車両は手持ちの資料では確認できませんでした。なお、E型とH型とは同じアンテナを装備していますが、一部でD1型指揮戦車と同じアンテナ用支柱を利用した車両が確認できます。支柱は取付部を除き、絶縁用の木製で、上部が傘状となっているのは雨の滴によって通電するのを防ぐためでしょう。

### ●その他

ベースとなった車体の相違点と同じく、機関室点検ハッチに付く通気孔カバーの有無、タグロープの装着法と数（例外を除く、1本がE、2本がH）などです。

## 車体後部（図151）

クランク差し込み口カバーの形状、発煙筒ラ

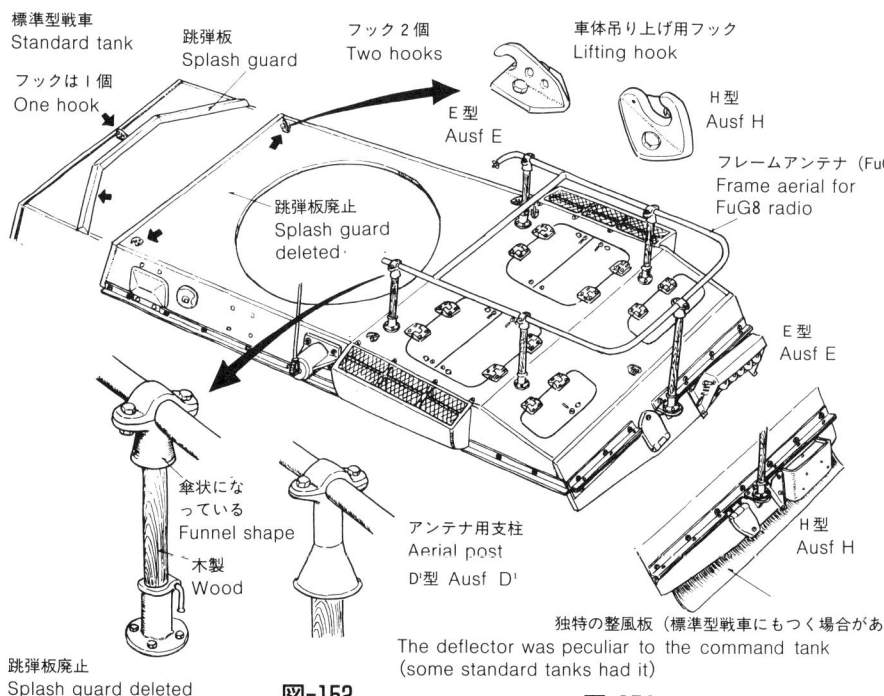

図-151
車体上面
Superstructure

標準型戦車
Standard tank

フックは1個
One hook

跳弾板
Splash guard

フック2個
Two hooks

車体吊り上げ用フック
Lifting hook

E型
Ausf E

H型
Ausf H

フレームアンテナ（Fu
Frame aerial for
FuG8 radio

跳弾板廃止
Splash guard
deleted

E型
Ausf E

アンテナ用支柱
Aerial post
D1型 Ausf D1

H型
Ausf H

独特の整風板（標準型戦車にもつく場合があ
The deflector was peculiar to the command tank
(some standard tanks had it)

傘状になっている
Funnel shape

木製
Wood

跳弾板廃止
Splash guard deleted

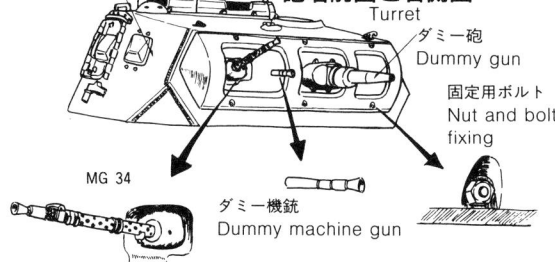

図-152
砲塔前面と右側面
Turret

ダミー砲
Dummy gun

固定用ボルト
Nut and bolt
fixing

MG 34

ダミー機銃
Dummy machine gun

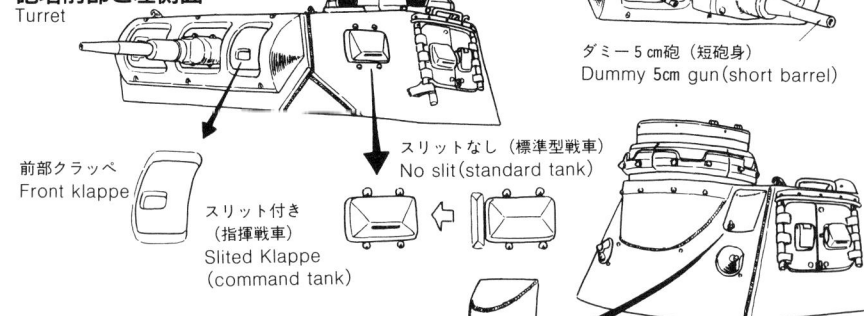

図-154
砲塔前部の変化
Front of turret

H型一部
Some ausf Hs

砲を延長
The dummy barrel
was lengthened.

ダミー機銃廃止
Dummy machine gun deleted

H型後期
Ausf H late

ダミー5cm砲（短砲身）
Dummy 5cm gun(short barrel)

図-153
砲塔前部と左側面
Turret

前部クラッペ
Front klappe

スリットなし（標準型戦車）
No slit(standard tank)

スリット付き（指揮戦車）
Slited Klappe
(command tank)

E型
Ausf E

H型
Ausf H

図-155
砲塔後部
Rear of turret

フレーム式アンテナ
Frame aerial

アンテナ線
Aerial wire

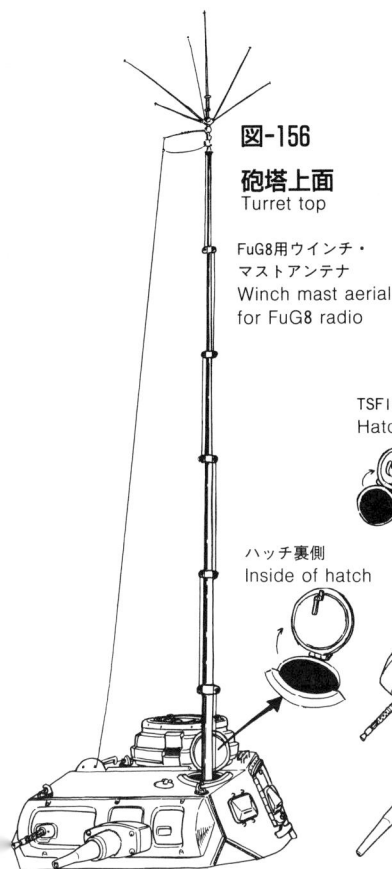

図-156
砲塔上面
Turret top

FuG8用ウインチ・
マストアンテナ
Winch mast aerial
for FuG8 radio

ハッチ裏側
Inside of hatch

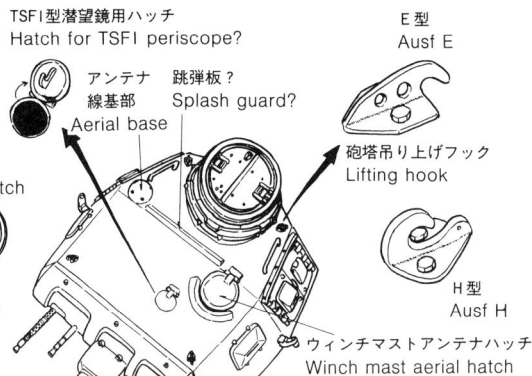

TSFI型潜望鏡用ハッチ
Hatch for TSFI periscope?

アンテナ　跳弾板?
線基部　Splash guard?
Aerial base

砲塔吊り上げフック
Lifting hook

E型
Ausf E

H型
Ausf H

ウィンチマストアンテナハッチ
Winch mast aerial hatch

図-157
右側面（J型）
Starboard(ausf J)

アンテナケース移設
Aerial trough relocated

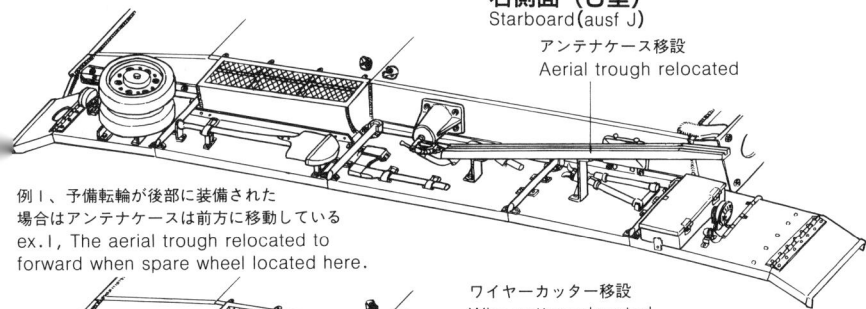

例 I、予備転輪が後部に装備された
場合はアンテナケースは前方に移動している
ex. I, The aerial trough relocated to
forward when spare wheel located here.

ワイヤーカッター移設
Wire cutter relocated

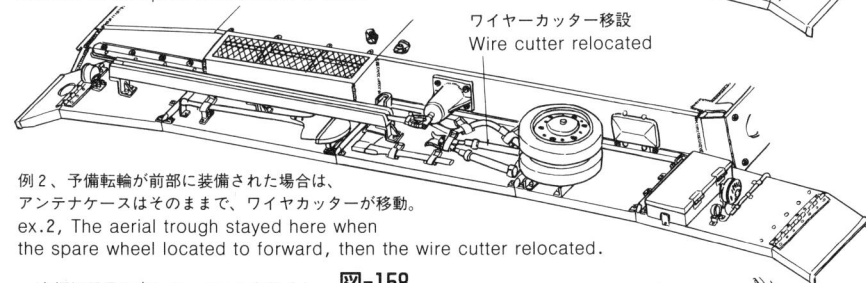

例 2、予備転輪が前部に装備された場合は、
アンテナケースはそのままで、ワイヤカッターが移動。
ex.2, The aerial trough stayed here when
the spare wheel located to forward, then
the wire cutter relocated.

車幅表示燈を廃して、ノテックライト
のみを搭載した車両もある
Some vehicles had no hull
width indicator light.

図-158
左側面（J型）
Port ausf J

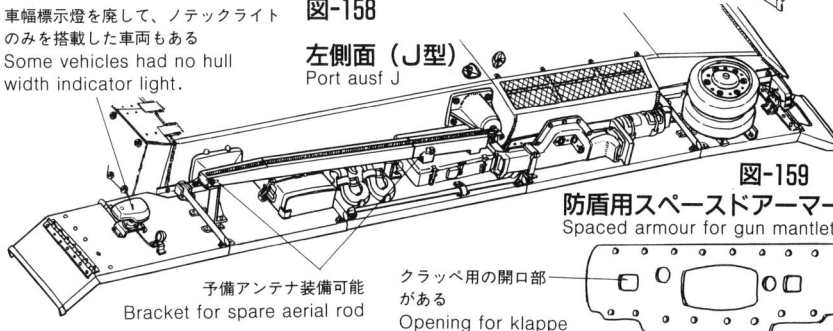

予備アンテナ装備可能
Bracket for spare aerial rod

クラッペ用の開口部
がある
Opening for klappe

図-159
防盾用スペースドアーマー
Spaced armour for gun mantlet

ックの装甲カバーの有無などで識別できます。
なお、H型ではマフラーの前に独自の整風板？
が取り付けられた車両が一部確認できます。

## 砲塔前部（図152～154）

### ●防盾

アルミ製で6コのボルトで固定してあるので、
標準型と識別できます。なお、これは内装式防
盾のダミーであり砲の上下動はできません。

### ●主砲

この3.7cm砲はダミー（偽砲）の木製で4コの
ボルトで固定してあります。これは、車内に増
設無線機や地図用机などを置くために武装を取
り外した指揮戦車であることを敵に悟られない
ように標準型戦車と外観を同じように見せるた
めです。また、H型ではその砲を延長して長砲
身に見せかけた車両があり、後期になると3.7
cm砲ではなく5cm砲のダミーに変更されていま
す。なお、砲塔は指揮戦車では旋回せず、固定
されています。

### ●機銃（図152）

2挺に見えますが、内側のはダミーです。こ
のダミー機銃はH型後期では廃止されています。

### ●前部視察クラッペ（図153）

このクラッペはダミーではなく、戦闘時にお
ける視察用のものです。

## 砲塔側面（図152,153）

### ●側面視察クラッペ

指揮戦車ではクラッペ直前の三角の跳弾板が
廃止されています。また、左側面のクラッペは
標準型戦車がスリット無しであるのに対し、指
揮戦車ではスリットが付き、戦闘中の視界を確
保しています。

## 砲塔後部（図155）

E型とH型では砲塔後部の形状とキューポラ
で識別できます。ただ、指揮戦車では右側に突
起がありますが、これはフレーム指揮アンテナ
の線を車内に引き込むためのものです。

## 砲塔上部（図156）

どの車両でもそうですが、上面写真は極端に
少なく、調べるのに大変苦労します。なぜなら、
記録用の写真は別にして、PKマンが撮った写真
は当たり前のことですが、後世のモデラーや研
究家のことは考えていない訳で、その多くは人
の目線の高さから撮っているからです。そこで、
いろいろな写真をもとにまとめたのが図156の
イラストです。もちろん現在、筆者の手持ちの
資料によるものであり、今後新しい資料が見つ
かるのを期待したいと思います。

### ●砲塔吊り上げ用フック

指揮戦車では上面4ヶ所に付いてあり、E型
とH型では形状が異なります。

### ●アンテナ用ハッチ

大きい丸形ハッチはウインチマスト式（巻上
式）アンテナ用で直前に跳弾板が取り付けてあ
ります。マストを組み立てると図156のように
なり、先端は星型になっています。その高さは
8mで、通常は車内に収納されています。この
アンテナはFuG8用のもので後部のフレーム式
のものより、長距離の通信が可能です。これを
有している車両はSd.Kfz.267となりますが、こ
のハッチが他の指揮戦車に有るかどうかは不明
です。

### ●アンテナ線基部

丸い突起はアンテナ線の基部です。この基部
のため、側面ハッチの把手が、反対側も含めて、
やや後方に移動しています。

### ●小ハッチ

このハッチは上面とは面一で段差が無いので、
跳弾板は付いていません。シグナルポートと思
われますが、砲塔上面に装着されているTBFI型
観測用潜望鏡のものかもしれません。

# 42口径5cm砲付指揮戦車について

前線からの火力増強に対する要望と指揮戦車
の生産の簡略化を受けて誕生したのがこの指揮
戦車です。42口径5cm砲装備のⅢ号戦車を改装
したもので1942年8月から11月までに81両が
生産され、1943年3月から9月までに104両が
既存のⅢ号戦車より改装されています。そして、
その多くが部隊に補充用として配備されたよう
です。なお、Ⅲ号の指揮戦車はこの他にもJ型
後期からN型までの車両でも後部に星型アンテ
ナを増設されるなどして指揮戦車仕様に改装さ
れたものが多く確認できます。

## 車体前部

### ●スペースド・アーマー

これは標準型のものと同じで、変化はありま
せん。ただ、車載機銃は廃止されており、ピス
トルポートは円錐状の銃栓が取り付けられてい
ます。（K型の頁参照）

## 右側面付近（図157）

これまでの指揮戦車はアンテナ基部の位置を
視察クラッペの前（図149参照）に移動していま
したが、この車両はそのままのようです。ただ、
左側にアンテナを増設した関係で、予備転輪が
右側に移動してきたため、アンテナケースや他
のOVMに変化が見られます（2つの例はあくま
でも基本的なもので、その他にもいろいろなバ
リエーションがあります）

なお、視察クラッペやピストルポートの増設
は無いと思われます。（左側も同様）

## 左側面付近（図158）

図のとおり

## 車体後部

星型アンテナが付きます。（K型の頁参照）

## 砲塔

J型初期の砲塔と変化は無いと思われます。
ただ、上面にTSFI型潜望鏡用の小ハッチが付い
ているかもしれません。なお、砲塔前面にはス
ペースドアーマーが増設されており、右側には、
視察クラッペ用の開口部が確認できます。（図
159参照）

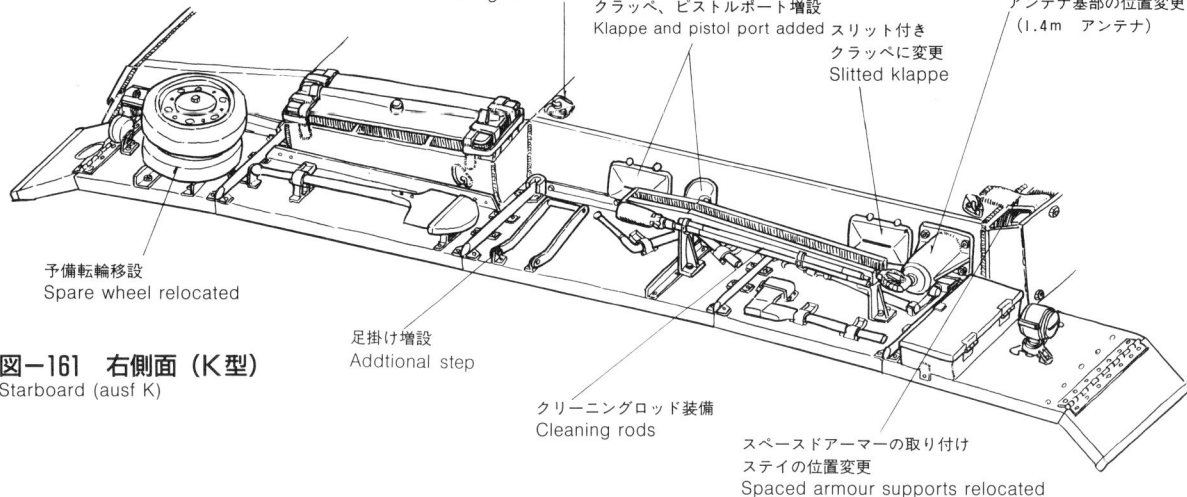

# III号指揮戦車 K型

Pzkfpw III ausf K Command tank

## K型について

　これまでの指揮戦車の主武装と言えば、車載機銃（7.92mmMG34）と機関短銃（MP40など）で、日々戦いが激化する戦場においては、あまりにも頼りない代物でした。そこで、標準型戦車と同等の火器の搭載を望む声に答えるべく登場したのが、K型で、III号J型後期から搭載された60口径5cm砲を備えています。M型の車体を流用しM型と並行生産されたK型もM型の生産中止により、50両で終了されてしまい、その後の指揮戦車は既存のIII号戦車に小改造するだけのものになりましたが、K型は1944年中頃まで使用されました。

### 足まわり

M型と同じ

### 車体下部側面

●脱出ハッチ

　車体下部両側面にあった脱出ハッチは、M型では廃止されているはずなのですが、K型の一部には、まだそれらしきものが確認できます。

### 車体上部前面（図160）

●スペースド・アーマー

　標準型戦車とは取付用のボルトの位置と車載機銃用の開口部の形状が異なります。取付用のボルトの位置が異なるのは、戦闘室上面前部の両端にそれまでの指揮戦車同様に吊り上げ用フックが取り付けられているからです。（図161、162参照）また、開口部の形状はそれまでの丸型から四角に変化しており、これは車載機銃を廃して取り付けられたピストルポート用に開けられた為と思われます。

### 車体右側付近（図161）

●改修箇所について

　指揮戦車E、H型とほぼ同じで、
①アンテナ基部の位置が変更され、1.4mのアンテナを装備し、専用のアンテナケースにはクリーニングロッドが装備されている。
②視察クラッペとピストルポートが増設され、2つのクラッペにはスリットが付く。
③足掛けが取り付けられている。
④車体吊上用フックおよびその位置がM型とは

## 図ー160 車体前面の比較
Upper hull front

J型
Ausf J

ピストルポート
Pistol port

標準型戦車の
スペースドアーマー
Standard spaced armour

上部ボルトの位置が違っている
The arrangement of bolts were change

K型
Ausf K

K型専用のスペースドアーマー
Special spaced armour for ausf K

## 図ー161　右側面（K型）
Starboard (ausf K)

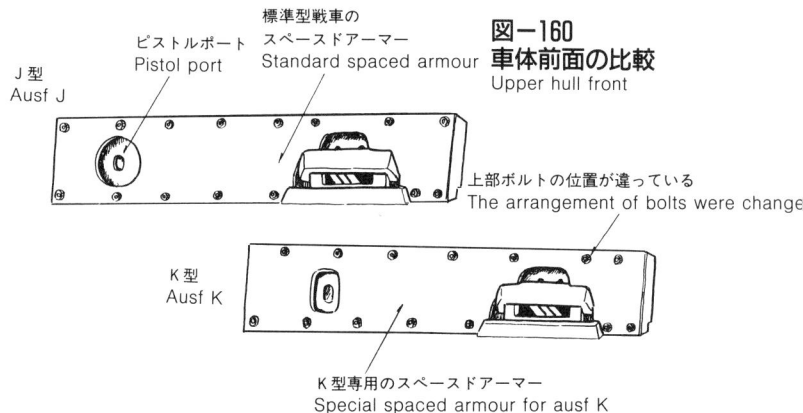

III号戦車M型の車体を流用
The hull was reworked from an ausf M.

予備転輪移設
Spare wheel relocated

車体吊り上げ用フック
Lifting hook

足掛け増設
Addtional step

クラッペ、ピストルポート増設
Klappe and pistol port added

スリット付き
クラッペに変更
Slitted klappe

クリーニングロッド装備
Cleaning rods

アンテナ基部の位置変更
（1.4m　アンテナ）

スペースドアーマーの取り付け
ステイの位置変更
Spaced armour supports relocated

## 図ー162　左側面（K型）
Port (ausf K)

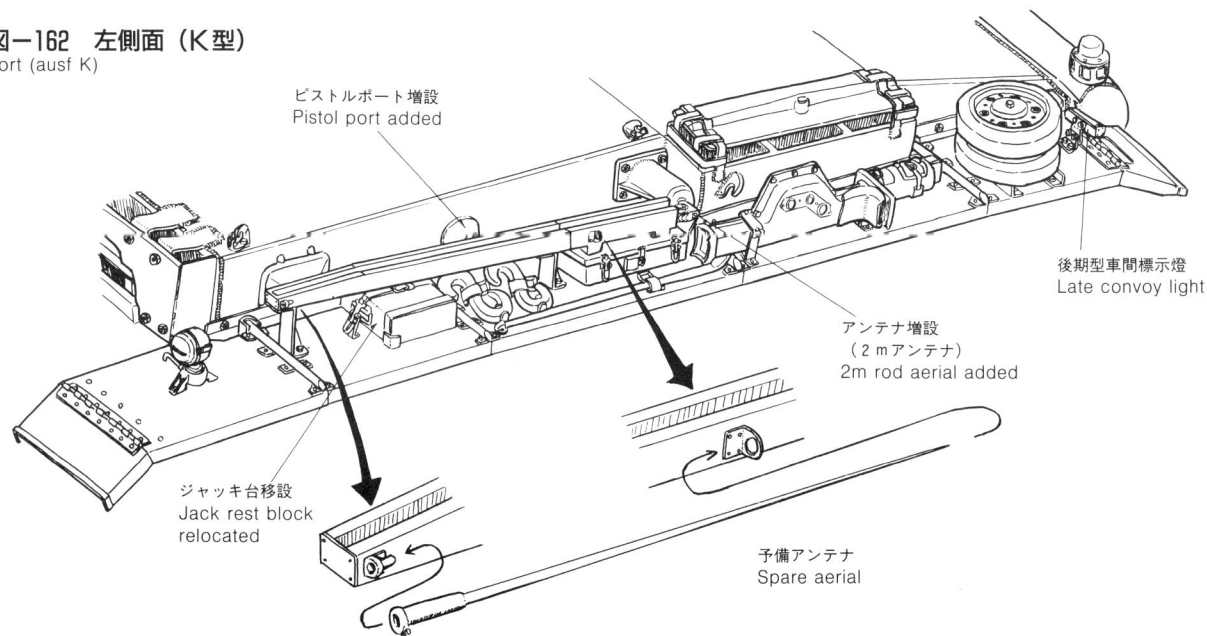

ピストルポート増設
Pistol port added

ジャッキ台移設
Jack rest block
relocated

アンテナ増設
（2mアンテナ）
2m rod aerial added

予備アンテナ
Spare aerial

後期型車間標示燈
Late convoy light

64

アンテナ基部
Aerial mount

2 m星型アンテナ
2m star aerial

こんな星型
アンテナもある
Star aerial
variation

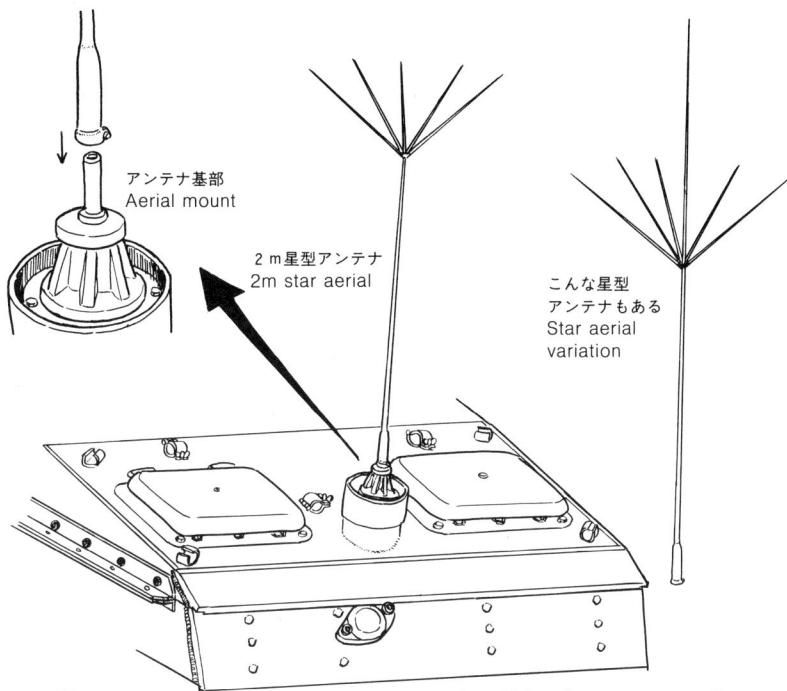

図－163　車体後部（星型アンテナ）
Tail (star aerial)

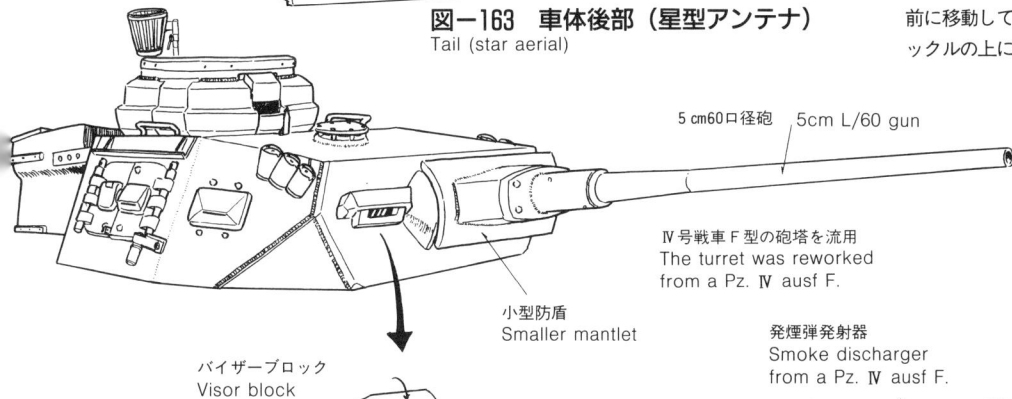

5 cm60口径砲　5cm L/60 gun

図－164
砲塔右側面（K型）
Turret (ausf K)

Ⅳ号戦車F型の砲塔を流用
The turret was reworked
from a Pz. Ⅳ ausf F.

小型防盾
Smaller mantlet

バイザーブロック
Visor block

発煙弾発射器
Smoke discharger
from a Pz. Ⅳ ausf F.

図－165　砲塔左側面（K型）
Turret (ausf K)

図－166
砲塔後部の比較
Rear turret

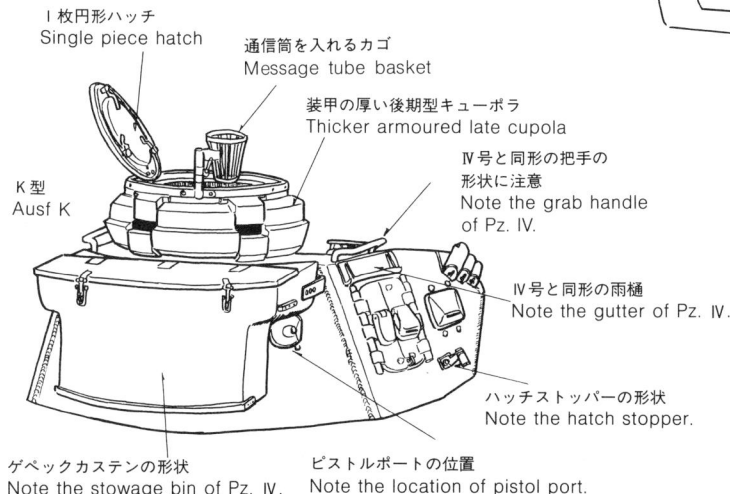

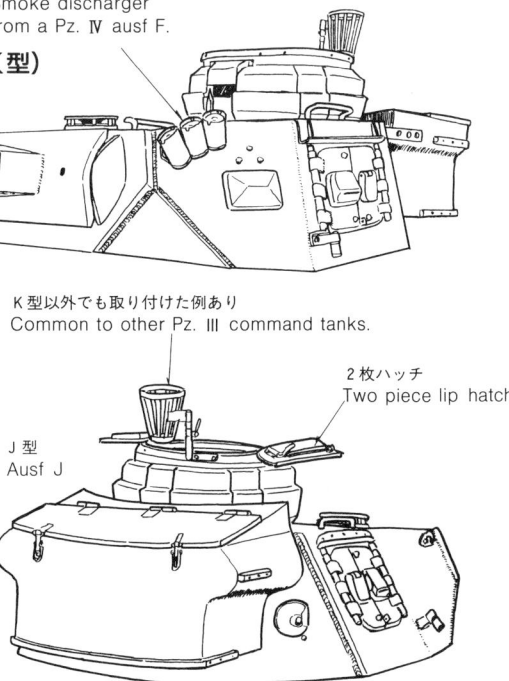

1枚円形ハッチ
Single piece hatch

通信筒を入れるカゴ
Message tube basket

装甲の厚い後期型キューポラ
Thicker armoured late cupola

Ⅳ号と同形の把手の
形状に注意
Note the grab handle
of Pz. Ⅳ.

K型
Ausf K

Ⅳ号と同形の雨樋
Note the gutter of Pz. Ⅳ.

ハッチストッパーの形状
Note the hatch stopper.

ゲベックカステンの形状
Note the stowage bin of Pz. Ⅳ.

ピストルポートの位置
Note the location of pistol port.

K型以外でも取り付けた例あり
Common to other Pz. Ⅲ command tanks.

2枚ハッチ
Two piece lip hatch

J型
Ausf J

異なり、これまでの指揮戦車と同じフックで同位置に取り付けられている点です。

●OVM類について

M型とほぼ同じですが、予備転輪がアンテナの増設により、スコップの後方に取り付けられています。

## 車体左側付近（図162）

●改修箇所について

これもこれまでの指揮戦車と同じで

①2 mのアンテナが増設され、分割可能なケースが取り付けられている。（なお、アンテナケース側面に予備アンテナを装着できるように金具が付いているのが確認できます。Ⅲ号はこれまで予備アンテナの位置が不明でしたが、これはよいヒントになりそうです）

②右側同様、ピストルポートが増設されているが、その位置はジャッキ台の位置の関係で、以前の指揮戦車に比べて後方に付いている。

●OVMについて

予備転輪が装着された関係で、ジャッキ台は前に移動しています。標準型ですと、S型シャックルの上にくるのですが、アンテナケースが

あるため、取り出しにくいのでその前方に取り付けられています。また、旧型ではジャッキと消火器の位置がジャッキのクランクの関係で逆になっていましたが、クランクが折畳み式に変更されたためそのままとなっています。

## 車体後部（図163）

●星型アンテナ

旧型のフレーム式アンテナに変わって、砲兵用観測戦車と同じ星型アンテナ（デュポールアンテナ）が機関室後方上面に取り付けられています。

## 砲塔（図164～166）

K型の特徴といえば、小型防盾とその横の操縦手用によく似たバイザーブロックでしょう。しかし、よく観察してみますと、驚くべきことにⅣ号の砲塔（F型のものと思われる）を流用していることに気付かれると思います。Ⅲ号とⅣ号の砲塔はたいへん類似していますが、筆者は次の点から識別しました。

①砲塔の幅が戦闘室の幅より少しはみ出ている。

②砲塔左側の視察クラッペのボルトの位置と数（Ⅳ号は上に3つ、Ⅲ号は上下に2つずつ）

③ハッチストッパーの形状（K型のはⅣ号F型以降のもの）

④側面ハッチの上の雨トイとその上の把手の形状状

⑤後部のピストルポートの位置（Ⅲ号はほぼ中央、Ⅳ号はやや上方）

⑥ゲベックカステンの形状

なお、K型が生産される以前にⅢ号の車体にⅣ号の砲塔を載せる計画がありましたが、中止となっており、その時のノウハウがK型に生かされたと思われます（しかし、ターレットリング径が異なるので、その改装はたいへんだったでしょうが）。データでは360°旋回できることになっています。

さて、K型のその他の特徴は、

①発煙弾発射器が砲塔両側面に取り付けられている。（取り付け角度がⅢ、Ⅳ号と異なるので、取付方法も異なると思われる）

②キューポラはN型の頁で紹介した1枚ハッチで装甲の厚いタイプのもの（なお、キューポラ後方には小さなカゴが取り付けられていますが、これは通信筒を入れるためではと推測されています）

③砲塔上部は不明ですが、潜望鏡用の小ハッチが付いているかもしれません。

## シュルツェン

K型にはシュルツェン装着車両も確認できます。

1941年10～11月、パリ近郊で新編成・訓練中の第23戦車師団所属車両。ちょっと見るとE型指揮戦車に似ているが、足まわりからD¹型と分かる。指揮戦車は無線器を増設するため、火器を犠牲にしており、唯一の武器は車載機銃のMG34と携帯小火器（拳銃、短機関銃）のみである。そのため、敵にそれとは気付かれないようにダミーの主砲をボルト留めしている。キューポラの前に地図などを広げるための特製の台が付けてある事に注意。

Pzkfpw III command tank model D¹ of 23rd Panzer division near Paris October or November 1941.Note the map table on the commander's cupola.

クルスク戦時のグロスドイッチェラント機甲擲弾兵師団所属車両。3連装の発煙弾発射器の取付方向や砲塔の三角部分の大きさなどからK型と判断したが、シュルツェンを装備した車両はめずらしい。（後方はH型指揮戦車）なお、手前の人物は戦車連隊長のグラーフ・シュトラハヴィッツ大佐で、もう1人は機甲擲弾兵連隊"GD"連隊長ローレンツ大佐。
Command tank model K of Grossdeutscheland Panzer grenadier division in Kursk campaign. Model H command tank can be seen in the back ground.The commader of Panzer regiment Oberst Graf Strachwitz (left) and the Commander of Panzer Grenadier regiment Oberst Lorenz are standing in front of the command tank.

1941年6〜7月、東部戦線南部戦区の第9戦車師団所属車両。H型をベースに生産されたものだが、起動輪・誘導輪は旧型のものを流用している車両が写真のように多く確認できる。
Command tank model H of 9th Panzer regiment in Russia June or July 1941.Note the early drive sprocket and idler wheel.

◀1940年5月、第4戦車師団第36戦車連隊第Ⅰ大隊本部所属E型指揮戦車。
指揮戦車の特徴である大型フレームアンテナや砲塔上面がよく分かる写真。
注意して見てみると冷却器点検ハッチが半ドアとなっている。

Command tank model E of lst battalion 36th Panzer regiment 4th Panzer
division May 1940.Note the half opened radiator access hatches.

1943年初頭、グロスドイッチラント機甲擲弾兵師団所属のK型指揮戦車。本
車はM型をベースに造られているが、砲塔は5cm砲を搭載するために容積の
大きいⅣ号F型のものを流用しているようだ。砲塔の端がわずかにはみ出し
ているのが、この写真だとよく分かる。

Command tank model K of Grossdeutscheland Panzer Grenadier divi-
sion in Russia early 1943.

# III号観測戦車

Panzerkampfwagen III Observation tank

## 砲兵用観測戦車について

自走砲の発達により、距離や方位を測定し、指示を与える装甲車両が必要となり開発されたもので、1943年2月から1944年4月までに262両が生産され、主にフンメル及びヴェスペ中隊に編入されていました。なお、この砲兵用観測戦車は、E〜H型の車体をベースにした車両で、E〜G型はH型仕様に改修されたものです。

### 足まわり

共にH型仕様に改修されています。起動輪・誘導輪は旧型を使用している車両が確認できます。

### 車体下部前面

各型共通の30mm厚の増加装甲板を装着しています。なお、観測戦車ではどの車両も補助装甲として予備履帯を取り付けているようです。

### 車体上部前面（図167）

●増加装甲板

各型の識別は、30mm厚の増加装甲板の形状で判断できます。

●ピストルポート（図168）

前面機銃を外してピストルポートに変更されています。これは、形状は異なりますが、ブルムベアー等に見られるような円錐状の銃栓です。

### 車体側面

標準型戦車からの変化は無いようですが、予備転輪2コが装備され、その配置はJ型後期以降と同じです。

### 車体上面（図169）

●通気孔カバー

F型改装の車両でも機関室点検ハッチに通気孔カバーが装備されたものが確認できます。

●星型アンテナ

2mの星型アンテナ（デュポールアンテナ）はFuG8用で、それまでのフレーム式アンテナに代わって、1942年中〜後期頃から採用されたもので、指揮戦車ではJ型改装の車両から装備されています。

図-167　増加装甲板の変化
Transition of additional armour

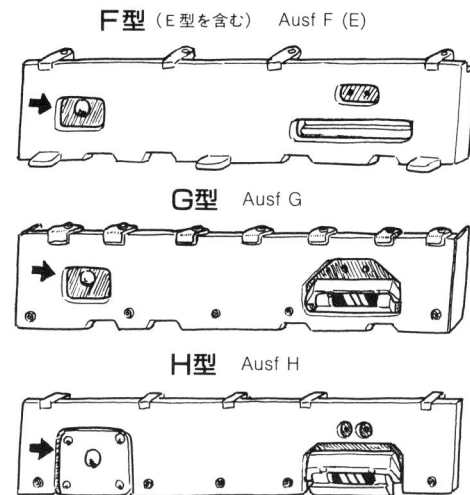

F型（E型を含む）　Ausf F (E)

G型　Ausf G

H型　Ausf H

図-168　ピストルポート
Pistol port

円錐状の銃栓　Gun port armoured plug

図-169　車体上部
Engine deck

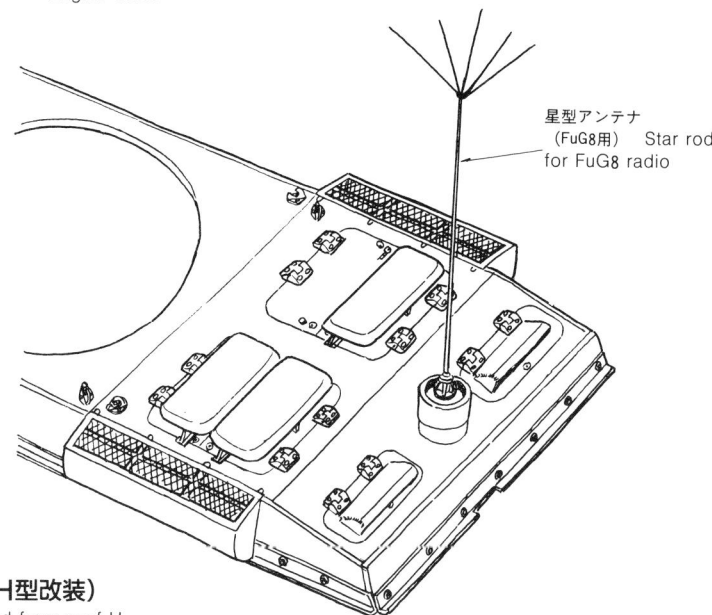

星型アンテナ（FuG8用）　Star rod for FuG8 radio

図-170
砲塔前部（H型改装）
Turret reworked from ausf H

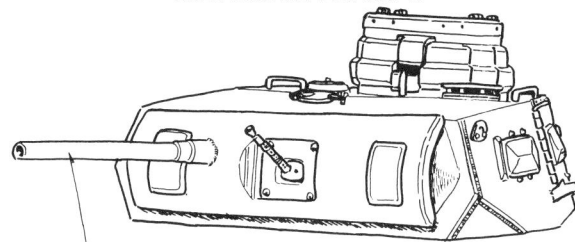

ダミー砲
Dummy gun

ダミー砲のバリエーション
Dummy gun variation

図-171
砲塔前部（F型改装）
Turret reworked from ausf F

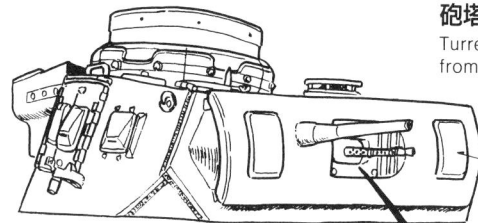

クラッペ
Klappe

跳弾用の段
Splash ba

MG 34

シグナルポート移設
Signal port relocated

TBF 2型観測用潜望鏡
TBF2 observation periscope

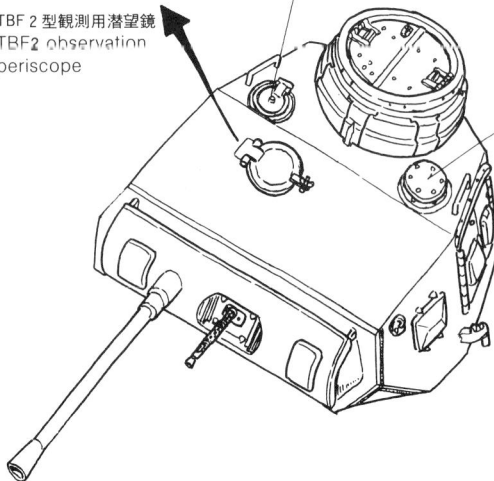

ベンチレーター移設
Ventilator relocated

図-172
砲塔上部
Turret top

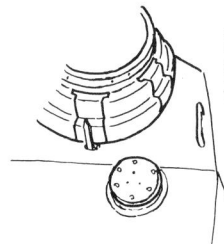

ベンチレーターが中央に寄った車両もある
On some vehicles the ventilator was on the left.

## 車体後部

下部に30mmの増加装甲板を装着している他はベースの車体に準じています。

## 砲塔前面（図170,171）

### ●防盾
この防盾はダミーのようで上下動はできないようです。ただ、指揮戦車と違って砲塔は旋回できます。

### ●クラッペ
前部視察クラッペが両端に付いていますが、一部では右側のクラッペが廃止された車両が確認できます。

### ●機銃
この車両の主武装で、マウントの両側は跳弾用の段になっています。

### ●ダミー砲
指揮戦車のように凝ったものではなく、いろいろなバリエーションが確認できます。

## 砲塔側面及び後部

ベースの車両に準じています。

## 砲塔上面（図172）

指揮戦車同様に細部は不明ですが、大体、図のようでしょう。まず、ベンチレーターのあったところにTBF 2型観測用潜望鏡用のハッチが付き、ベンチレーターはシグナルポートの位置（一部車両ではG型の記事でもご紹介したようにやや中央にベンチレーターが付くものが確認できます）に移り、シグナルポートは反対側に移動しているようです。

1943年5月、グロスドイッチランド装甲擲弾兵師団GD装甲砲兵連隊第Ⅱ大隊（自走化）の大隊長車で砲兵用観測戦車の砲塔上面がよく分かるショット。キューポラなどからベースはE〜G型と思われるが、観測用潜望鏡（TBF 2）とそのハッチ、その後方にはベンチレーターカバーが見え、シュルツェンの取り付け状況、取り外し式のシュルツェンハッチなど資料的に価値ある1枚である。

Observation tank of 2nd battalion Gross Deutscheland armoured artillery regiment. This vehicle was converted from ausf E or G. Note the observation periscope in the roof.

# Model Graphix

弊社出版物ご購入ご希望の方は、書店の店頭でご注文なさるか（この場合送料はかかりません）、下記まで直接、定価（表示の定価は全て税込価格です）に送料を添えて現金書留か普通為替、郵便切手でお申し込みください。

〒101　東京都千代田区神田錦町1-7　㈱大日本絵画MG係
TEL 03-3294-7861（代表）

## 奮戦！第6戦車師団
H・シャイベルト著

定価2,266円　送料260円

スターリングラード救出作戦に臨む第6戦車師団の戦車間の無線交信記録を始め、連隊、大隊、中隊レベルの戦闘日誌など、貴重な一次資料を生の形で生かした迫真のドキュメント、地図15点、未発表多数を含む写真約70点を併載。

## パンツァー・フォー
K・アルマン著

定価2,900円　送料260円

北アフリカからロシアまで、Ⅲ号戦車、Ⅳ号戦車、パンター、ティーガー、ナスホルン、そしてヤクトティーガーを駆った、広大な戦線を思う存分暴れ回ったドイツ戦車隊のエース列伝。写真100点以上を掲載。

## 雪中の奇跡
梅本弘著

定価2,800円　送料260円

1939年11月30日、3000両の戦車と3500機の航空機に支援された延べ150万ものソ連軍がフィンランドへ侵入した。ところが圧倒的に優勢なはずだったソ連師団は一つまた一つと全滅していった。一体、雪深いフィンランドの森で何が起こったのか？　写真100点以上。

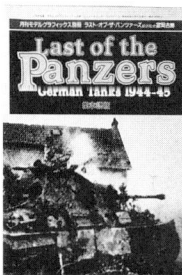

## ラスト・オブ・ザ パンツァーズ
W・ノウェルバッハ著

定価824円　送料260円

第二次大戦末期の珍しいドイツ戦車写真集。敗戦の色濃い大戦末期のこととて撃破された戦車の写真が多いが、それだけに普段見られないような部分の構造を知ることができる。

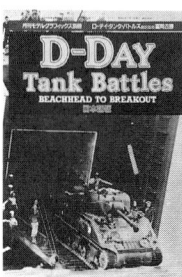

## Dディ・タンク バトルズ
G・パーソン著

定価824円　送料260円

ノルマンディ上陸作戦に参加した、英・米・独の戦車、装甲車写真集、車両自体はもとより、背景に写っている様々な史上最大の作戦の様相も非常に興味深い。

## アハトゥンク パンツァーNo.1
尾藤満他著

定価2,800円　送料310円

A型からJ型に至るⅣ号戦車各型のディテールを多数の写真と克明なイラストによって解説。巻頭には、イラストと途中写真によるⅣ号戦車D改修型の製作記事が掲載されている。

## アフガニスタン紛争の ソビエト軍
デビット・イスビー著

定価1,000円　送料260円

1979年に始まったソ連軍のアフガン侵攻から1985年までの戦闘経過を、多数の写真と双方の兵士の軍装カラーイラストを添えて詳しく解説している。

## 街道上の怪物
小林源文著

定価880円　送料260円

1941年、ロシア平原を快進撃するドイツ軍の補給路が切断された。たった1両の怪物が街道に居座ったために……。戦う英・独・日そしてフィンランドのパイロットと戦車兵達を描く劇画ドキュメント。

## 装甲擲弾兵
（そうこうてきだんへい）
小林源文著

定価880円　送料260円

装甲兵員輸送車に乗り、戦車隊とともに真っ先に敵陣に突入する兵士達。それが装甲擲弾兵だった。SS装甲擲弾兵フランツの初陣からベルリン攻防戦に至る戦いを、正確な歴史、そして軍事考証に裏付けられたリアルなタッチで描く戦闘劇画。

## 鋼鉄の死神
小林源文著

定価880円　送料260円

世界最強の戦車、ティーガー重戦車。Ⅲ号突撃砲からティーガーに乗り換えたビットマンSS大尉はロシア戦線で100輌以上ものソ連戦車を撃破、ノルマンディ戦線ではたった1両で英軍の1個機甲旅団に戦いを挑んだ。実話に基づくノンフィクション劇画。

## 炎の騎士
小林源文著

定価880円　送料260円

1944年12月、ドイツ軍はアルデンヌの森で勝利におごる米軍に痛撃を与えた。巨大なティーガーⅡ型戦車を先頭に米軍部隊を恐怖のどん底に叩き落としたパイパー戦闘団が攻勢の最先鋒であった。その指揮官パイパーSS中佐の半生を描くセミ・ドキュメンタリイ劇画。

## ジャーマン・タンクス
P・チェンバレン他著

定価4,200円　送料360円

小さなゴリアテから巨大なマウスまで。試作車や鹵獲車両に至るまで、およそ第二次大戦中のドイツ軍が使用した装甲車両の全ての基本データ、開発史、戦闘配備などに加えて、巻末にはドイツ戦車の無線、照準器、弾薬、装甲などの個別データを掲載している。

## パンツァーズ・イン ノルマンディ
E・Lefevre著

定価3,800円　送料310円

ノルマンディ攻防戦に参加したドイツ軍戦車部隊の戦いぶりを戦車連隊ごとに詳述、中でもビレール・ボカージュにおけるビットマンのティーガーの克明な戦闘記録は圧巻。

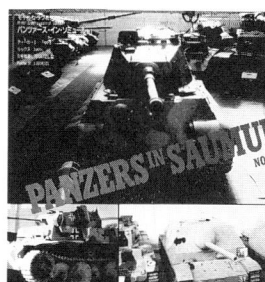

## パンツァーズ・イン ソミュールNo.1
小林源文／梅本弘著

定価1,100円　送料260円

世界最大の戦車博物館ソミュール戦車博物館のドイツ戦車コレクションのディテール写真／イラスト／図面集、No.1はティーガーⅡ、Ⅳ号戦車L70、ルックスを掲載している。

## パンツァーズ・イン ソミュール No.2
小林源文／梅本弘著

定価1,300円　送料260円

ソミュールのコレクションの中で最も良く復元されているパンターA型のディテール写真数十点を中心に、ヤクトパンター、パンツァーベルフ ァーモールティア等の写真と精密イラストを掲載している。

## ティーガー・上巻
E・クライネ、V・キューン著

定価3,000円　送料310円

ティーガー重戦車の誕生から、訓練、そして前線での活躍を数百点にものぼる写真と共に、各重戦車大隊毎、戦場毎に詳述している。実際に戦った戦車兵から直接取材したティーガーの戦場でのエピソードは他書にはみられない貴重なものばかりである。

## ティーガー・下巻
E・クライネ、V・キューン著

定価2,800円　送料260円

下巻では、戦争末期の重戦車大隊の活躍と、とくにティーガーⅡ型重戦車の戦いを中心に、ティーガー大隊の整備中隊の活躍、ヤークトティーガー大隊、そしてシュトルム・ティーガー中隊の戦歴まで掲載している。